逐梦奥运

——北京奥运博物馆的诞生和奥运遗产传承

冯 云 著

群言出版社
QUNYAN PRESS

·北京·

图书在版编目（CIP）数据

逐梦奥运：北京奥运博物馆的诞生和奥运遗产传承 / 冯云著. — 北京：群言出版社，2023.5
ISBN 978-7-5193-0835-3

Ⅰ. ①逐… Ⅱ. ①冯… Ⅲ. ①奥运会－工作－研究－北京 Ⅳ. ① G811.21

中国国家版本馆CIP数据核字（2023）第 071668 号

策划编辑：李满意
责任编辑：胡　明
封面设计：刘志伟

出版发行：群言出版社
地　　址：北京市东城区东厂胡同北巷1号（100006）
网　　址：www.qypublish.com（官网书城）
电子信箱：qunyancbs@126.com
联系电话：010-65267783　65263836
法律顾问：北京法政安邦律师事务所
经　　销：全国新华书店

印　　刷：河北赛文印刷有限公司
版　　次：2023年5月第1版
印　　次：2023年5月第1次印刷
开　　本：880mm×1230mm　1/32
印　　张：8.25
字　　数：240千字
书　　号：ISBN 978-7-5193-0835-3
定　　价：59.80元

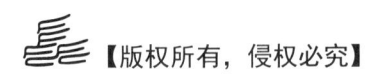

【版权所有，侵权必究】

如有印装质量问题，请与本社发行部联系调换，电话：010-65263836

目 录

第一章　北京奥运博物馆的诞生 ·········· 1

　　一、选址与建筑 ·········· 4

　　二、设计与功能定位 ·········· 11

　　三、综合配套 ·········· 17

　　四、信息化技术的应用 ·········· 24

　　五、机构及人员构成 ·········· 29

第二章　奥运主题展览的策划与实施 ·········· 33

　　一、巧妙设计破解难题 ·········· 34

　　二、展示辉煌，收获震撼 ·········· 40

　　三、科技奥运，筑梦之旅 ·········· 58

第三章　奥运藏品的收集 ·········· 65

　　一、奥运藏品的定位 ·········· 66

　　二、奥运藏品全球征集活动 ·········· 69

　　三、奥运藏品背后的故事 ·········· 78

第四章　体育精神的传播 · 97
　一、奥运会的由来 · 98
　二、现代奥运会的影响力 · 102
　三、依托社会热点传播奥运文化 · · · · · · · · · · · · · · · · 104

第五章　北京奥运博物馆的专业化 · · · · · · · · · · · · · · · · 167
　一、体育博物馆的兴起 · 168
　二、中国体育博物馆发展状况 · · · · · · · · · · · · · · · · · · 173
　三、新时代体育博物馆的特点 · · · · · · · · · · · · · · · · · · 189
　四、参与互动，乐享体育文化 · · · · · · · · · · · · · · · · · · 193

第六章　奥运遗产助力城市发展 · · · · · · · · · · · · · · · · · · 199
　一、丰厚的奥运遗产 · 200
　二、多元文化和谐共存 · 212
　三、奥运场馆的可持续利用 · 222
　四、奥林匹克运动与城市发展的双赢 · · · · · · · · · · · · 232

参考文献 · 251

第一章

北京奥运博物馆的诞生

壹

2008年8月8日至9月17日，万众瞩目的第29届奥林匹克运动会及残奥会在北京成功举办，中国人的百年奥运梦想成功实现。在党中央、国务院和北京市委、市政府的领导下，首都北京与其他协办城市共同努力，实现了"举办一届有特色、高水平的奥运会、残奥会"，实现了"两个奥运，同样精彩"，履行了中国人民对国际社会的郑重承诺。"同一个世界，同一个梦想"的口号响彻全球，"更快、更高、更强"的奥林匹克精神得到了完美的展示。"绿色奥运、科技奥运、人文奥运"三大理念，作为北京奥运会最鲜明的特色，成为成功的关键，不仅充分体现了奥林匹克精神与时代发展的结合，更为中国乃至世界留下了弥足珍贵的精神和物质财富。据了解，按照国际惯例和其他奥运会举办城市约定俗成的做法，在奥运会闭幕后，奥运会举办城市均建设博物馆或纪念馆一类的公共设施，用以诠释奥林匹克精神与博物馆宗旨，展示奥运会举办城市和国家的文化特色以及其为国际奥林匹克运动所作出的贡献。

随着2008年北京奥运盛会圆满落幕，北京奥运博物馆建设的筹备工作也提上日程。作为对北京奥运会成功举办所取得历史功绩的全面总结和回顾，集中展览、展示北京奥运会宝贵遗产的专题性博物馆，同时也将成为继续弘扬和宣传奥林匹克精神与宗旨的重要场所。

2010年1月7日，北京市文物局向北京市委、市政府提交《关于将国家体育场南部地下空间变更为北京奥运博物馆馆址的请示》，建议将北京奥运博物馆馆址从奥林匹克公园中心区下沉广场迁至国家体育场南部地下空间，建筑面积将达到2.3万平方米左右，使用面积将达到1.6万平方米左右。1月8日，时任北京市政府副市长蔡赴朝带领时任市委副秘书长肖培、时任北京市文物局局长孔繁峙和市国资公司领导一行进行了实地考察。1月10至11日，时任北京市委书记刘淇和北京市市长郭金龙分别批示同意北京奥运博物馆的新选地址。

2010年5月，根据市领导批示要求并与市发展改革委、市财政局、国家体育场有限责任公司等单位协商，就奥运博物馆的用地方式提出意见。市委办公厅代拟给国家体育场的函,明确奥运博物馆选址在国家体育场正南门的展览用房区域内。

2010年1月12日,时任北京市委副秘书长肖培组织筹建奥运博物馆专题会议,研究北京奥运博物馆的筹建工作,要求对旧址的处置及新址的获取方式与市档案局、市发展改革委、市国土资源局、市规划委、市消防局、奥运城市发展促进中心等单位进行沟通。

2010年3月2日,时任北京市委副秘书长肖培组织筹建奥运博物馆专题会议,完成了展陈大纲的初审工作,明确了奥运博物馆的筹建工作计划,要求3月6日—4月10日完成场馆改造规划工作、展陈概念设计方案报市领导审批工作、文物征集及照片收集工作;4月11日—6月15日完成展览深化设计及施工招投标工作、场馆改造准备工作;6月16日—12月15日完成场馆改造工作、展陈布置工作、讲解员培训及开馆前的准备工作;经过试运行,于2019年12月30日正式对外开放。

2010年5月7日,为推动落实市委专题会精神,根据市领导批示要求,时任北京市委副秘书长肖培组织筹建奥运博物馆专题会议,决定北京市文物局积极联系市发展改革委等部门,就展陈设计与施工尽快发标。

2010年5月17日,北京市文物局与国家体育场联合成立北京奥运博物馆工程建设协调小组。

2011年5月27日,时任北京市人民政府副秘书长张玉平召集北京市文物、发展改革、财政、规划、住房城乡建设、民防、园林绿化、交管、消防等部门以及奥林匹克公园管委会和国家体育场有关负责同志,研究北京奥运博物馆建设相关问题,确定将"市文物局—国家体育场"作为联合主体对奥运博物馆建设项目进行立项,明确建设立项总规模为3.45万平方米。

2011年9月29日,项目取得了北京市发展和改革委员会《关于批准北京奥运博物馆建设工程项目建议书的函》(京发改〔2011〕1797号)。

2012年，北京奥运博物馆布展完毕。2019年12月30日，北京奥运博物馆全面对外开放。

2022年，北京奥运博物馆正式加入国际奥林匹克博物馆联盟，成为联盟第33位成员。作为以北京奥运会为主题的永久性专题博物馆，这次成功入盟，成为北京奥运博物馆建设发展历程中的里程碑事件。

一、选址与建筑

（一）需求孕育建设

北京奥运博物馆是基于以下8个需求建设的。

1. 北京建设世界城市的需要

建设世界城市是中共北京市委、北京市人民政府的一个重大决策，自20世纪以来一直是北京市城市发展的目标。中国实现复兴，迈向世界中心，已呈不可挡之势，作为中国政治中心、文化中心、国际交往中心和金融管理中心的首都北京，成为世界城市，已是势所必然。从北京自身来讲，自筹办2008年奥运会以来，取得了长足的进步，城市经济发展、基础设施建设、社会建设、国际化程度、现代化水平、城市美誉度等都大大增强和提高，已经成为世界瞩目的东方大都市。可以说，北京已具备加快世界城市建设进程的条件。

北京市委、市政府要求社会各界努力把"奥运五种精神"（为国争光的爱国精神、艰苦奋斗的创业精神、精益求精的敬业精神、勇攀高峰的创新精神、团结协作的团队精神）转化为推动首都科学发展、建设世界城市的不竭动力。而北京奥运博物馆，是充分展示"奥运五种精神"的平台，对北京世界城市的建设工作起到积极推动的作用。

2. 展现北京奥运会成功举办的需要

2008年北京奥运会的成功举办，是我国历史上的重大事件，是向全世界全面展现我国政治、经济、文化、体育伟大成就的重要舞台，同时也证明了中国完全有能力举办如此规模宏大的国际盛会。奥运会的成功举办，极大地鼓舞了全国人民、海外华人华侨的爱国热情。作为中华民族历史上的一次重大事件，从奥运申办一直到最终圆满举办，有无数人投身到相关工作中，无数重要的时刻借助许多重要物品、重要资料成为记录奥运盛会的物质载体。因此有必要全面收藏并展现从奥运申办到成功举办全过程中重要的物品、影像、文字等资料。

北京奥运博物馆自开始筹建以来，得到了北京市各级领导的高度重视，并为此先后召开了多次协调会，推动这项工作的进行。自2008年北京市文物局发布《北京奥运博物馆展品入藏标准》以来，得到社会各界的广泛响应和支持，截至2023年2月，已收集到各种与奥运相关的重要藏品达9万件（套）。

北京奥运会"绿色、科技、人文"的理念，给整个北京乃至全中国留下巨大的物质和精神遗产，北京奥运博物馆的建设正是对这些宝贵遗产的收集、整理、宣传。

3. 弘扬奥运精神与宗旨、继承奥运遗产的需要

2008年北京奥运会的成功举办，是中国与奥运会一次最近距离的亲密接触，使奥运精神在这个世界上人口最多的国家深入人心，这不仅是奥林匹克运动的巨大成就，更是中国对奥林匹克运动的极大丰富和完善。

北京奥运会的成功举办无疑是21世纪中国的盛事，它为中国文化新的发展注入巨大的活力。北京奥运会为世界化的奥林匹克运动真正地增添了浓郁的东方色彩，让奥运会真正具有世界性，在整个奥林匹克运动发展的过程当中具有里程碑意义。北京奥运博物馆是总结成功举办奥运会宝贵经验、展示北京奥运会宝贵遗产的重要场所。同时在奥运场馆区建设博物馆，作为奥运场馆的一部分，是奥运物质性文化遗产的一部分，也是记录中国参与当代国际合作的里程碑。

4. 北京市国家级博物馆建设的需要

许多国家的首都或作为文化中心的城市都以博物馆作为它们向世

界展示自身文化的主要媒介。北京作为中国首都、文化中心、历史文化名城，也应具有与其地位相匹配的人文资源。

2009年5月，国家文物局根据《全国博物馆评估办法（试行）》和《博物馆评估暂行标准》的规定，公布了首批542座国家级（含一级、二级、三级）博物馆名单，其中国家一级博物馆83座、二级博物馆171座、三级博物馆288座。除港澳台外，全国32个省平均拥有17座国家级博物馆，位居前三位的是浙江、江苏和山东，分别以40、35、32座国家级博物馆领先其他省（市），北京市则以19座国家级博物馆（不含中央部门博物馆6座，5座一级博物馆、6座二级博物馆、8座三级博物馆）位列全国第14名。可见，北京市能够达到国家级标准的博物馆数量仅达到全国的平均水平，亟须建造达到国家级标准的博物馆，才能与"人文北京"的发展战略相一致。

5. 北京旅游业发展的需要

旅游产业是战略性产业，已经成为世界第一大产业，它对经济发展的贡献超过了汽车业、石油业、钢铁业、电子业和农业，成为许多国家和地区经济腾飞的有效切入点和重要突破口。而国际公认的世界城市不仅都是国际金融中心、决策控制中心、信息发布中心、高端人才聚集中心，也都是举世闻名的国际旅游之都，旅游业在世界城市占有十分重要的地位，发挥着举足轻重的作用。

北京拥有3 000多年的建城史和870年的建都史，拥有一大批世界文化遗产和非物质文化遗产，拥有日益现代化、国际化、立体化的综合交通体系以及良好的市场区位优势、显著的辐射带动作用和旺盛的旅游消费能力。北京奥运会、残奥会的成功举办，为北京留下了丰富的奥运遗产，提高了城市文明程度，扩大了国际影响力。北京奥运博物馆的建设将成为奥运核心区新的旅游热点与亮点，为北京市建设成为世界一流的旅游城市，把旅游业打造成首都经济重要的支柱产业作出贡献。

6. 北京市对外文化交流的需要

北京与世界各国、各地区的经济、贸易、科技、教育、文化等领域的交流日益加强。政府、民间和社会团体之间的友好往来十分活跃。北京奥运博物馆建成后，可以成为北京市对外交流的窗口，通过系列展览、会议、沙龙等形式，在奥林匹克精神的指引下，促进北京与世界各国的交流与合作。

7. 爱国主义教育基地的需要

北京奥运博物馆在筹建过程中，北京市委、市政府领导多次指示，按高标准、高要求将北京奥运博物馆建设成为爱国主义教育基地。"奥运五种精神"中，居于首位的就是"为国争光的爱国精神"，百年梦圆，奥运盛会以其巨大魅力和特有的感召力，激荡着中华儿女的心弦，凝聚起全国人民共襄盛举的强大合力。人人都是东道主，从奥运工程建设者到各行各业劳动者，从领导干部到广大群众，都把为祖国争光、为奥运添彩当作自觉要求，以强烈的使命感和责任感投入到奥运筹备和举办工作中，港澳台同胞和海外华人华侨也以不同方式为奥运添砖加瓦。浓浓爱国之情，铸就伟大成果。北京奥运会的圆满成功，赢得了国际舆论的普遍赞誉，大大提高了中国的国际声望，这是对深爱祖国的中华儿女的最好回报。

北京奥运博物馆通过回顾北京奥运会激动人心的时刻，把体育健儿们拼搏、奋斗、奉献的奥运精神作为爱国主义教育的生动教材，可以激发广大群众的爱国热情，并将奥运精神转化为强大动力，为建设世界城市作出新的贡献。

8. 落实中共中央对文化建设高度重视的具体措施

文化建设的重要作用不言而喻。在当今社会，文化不仅是推动社会发展的重要手段，而且是社会文明进步的重要目标；不仅是凝聚人心的精神纽带，而且直接关系民生福祉；不仅对经济增长的直接贡献越来越大，而且对提升经济发展质量的作用越来越突出。文化和经济融合产生的竞争力已成为一个国家和地区最根本、最持久、最难替代的竞争优势。

自20世纪后期起，随着经济全球化进程的加速，以知识、信息、娱乐、休闲为主要特征的文化产业得到了极大的发展。21世纪人类社会的竞争形态，将由"武力竞争"转为"经济竞争"，再转为"文化竞争"，"各国的胜负决定于文化领域，其胜负的重点就在文化产业"。联合国教科文组织指出："发展可以最终以文化概念来定义，文化的繁荣是发展的最高目标"。21世纪的城市发展必然是经济、社会、文化一体化的进程，经济的竞争，归根到底是文化的竞争和人才的竞争。北京作为全国的政治中心、文化中心、国际交往中心、科技创新中心，更加重视文化建设。中央对北京城市定位和功能的调整，已把文化建设推到整个城市建设格局中极其突出、重要的位置。

北京奥运博物馆建设项目在北京博物馆的发展建设中具有重要地位，是发展首都科学文化事业的重要内容之一。北京奥运博物馆建设可以更好地体现和发挥首都作为全国文化中心的地位，对充实丰富首都北京的城市科学文化内涵，增强北京的文化氛围和品位，促进北京市文化产业的发展，提升首都北京文化中心和现代化国际大都市的形象是十分必要的。因此，北京奥运博物馆建设是适应文化事业全面繁荣趋势，落实中共中央对文化高度重视的具体措施。

（二）选址鸟巢实现双赢

北京奥运博物馆位于北京奥林匹克中心区国家体育场南侧地下零层和负一层，占地总面积3.45万平方米。

1. 旧址建筑是文化符号

馆址的选择，对于建立新博物馆具有头等重要的意义。在选择馆址时，除了必须遵照城市总体规划的要求外，还要符合博物馆性质、职能的要求。旧址建筑是一个城市的文化符号，承载着城市记忆，延续着城市文脉。在旧址建筑的基础上建博物馆，能进一步发挥旧址建筑传承历史记忆的作用。世界上最早的博物馆建筑大多来自旧址建筑，如公元前290年左右建立在埃及亚历山大里亚域的缪斯神庙、18世纪末依托法国王室城堡而建立的卢浮宫艺术馆等。

北京奥运博物馆是以展示北京奥运会所取得的辉煌成就为主题的专题性博物馆，是爱国主义教育基地，选址鸟巢这一标志性奥运建筑符合博物馆的性质和职能，也是后奥运时代综合利用奥运场馆的创新之举。首先，鸟巢作为北京奥运会的主场馆，是奥运建筑的代表，属于奥运物质文化的范畴，它承担了开闭幕式、田径赛事和足球决赛，博尔特、伊辛巴耶娃等优秀运动员在鸟巢实现了创纪录表演，鸟巢承载着人们对于北京奥运会的激情回忆。其次，鸟巢的建设充分体现了"绿色奥运、科技奥运、人文奥运"的理念。"绿色奥运"方面，进行了自然通风方式下的热舒适度、风舒适度研究，鸟巢的雨虹利用系统、地源热泵系统都有非常突出的特色；"科技奥运"方面，鸟巢的设计中采用了很多新技术、新材料、新工艺、新方法，填补了多项国内空白，很多成果还达到了国际先进水平，如鸟巢受力最大部位所使用的Q460高强钢是由我国工程技术人员自主研制的产品，它撑起了鸟巢的钢筋铁骨；"人文奥运"方面，鸟巢的设计理念是回归体育——以竞赛和观赛为本，鸟巢空间结构新颖，建筑和结构浑然一体，具有很强的震撼力和视觉冲击力，充分体现了自然和谐之美，体现了对中国文化和美学的重视。

北京奥运博物馆选址鸟巢，可以让参观者在特定的场所中和特定的情绪下交流和休闲，获得更深层次的奥运情感体验。同时，北京奥运博物馆的建成能彰显鸟巢的奥运文化气息，增加鸟巢的文化吸引力。

2. 赛后利用的典范

在体育场馆中建奥运博物馆，可借鉴的经验较少，需要在理论的指导下和实践的摸索中探究。青岛奥帆博物馆选址青岛奥帆中心，于2009年8月建成开馆。青岛奥帆中心在规划建设时，就充分考虑了赛后利用问题。奥帆赛结束后，各种竞赛和服务设施得到保全和利用。青岛奥帆博物馆向社会公众开放之后，迅速成为青岛新的旅游景区。青岛奥帆博物馆的建成，使保护奥运遗产与旅游景点建设完美结合，实现了奥运效应和社会效益"双赢"。上海世博会博物馆选址原世博浦西园区，于2013年底动工，2017年5月建成开放。南京奥林匹克博物馆选址青奥文化体育公园负一层，在2014年8月17日开馆，是第一个在奥运会举办前就已落成的奥林匹克博物馆。可见，在大型赛事、国际活动举办地点建设专题博物馆已成为一个趋势。

奥运场馆的赛后利用一直是一个世界性难题，但鸟巢却走出了一条独具特色的文化之路。2008年北京奥运会后，鸟巢的大型文化体育活动逐年递增，其国际大型文体赛演平台的特色日益凸显。与此同时，大型实景演出《鸟巢·吸引》、鸟巢欢乐冰雪季等自主品牌项目日渐成熟，群众体育活动欣欣向荣。2015年3月成立的"鸟巢文化中心"成为世界级的文化创意和品牌展示空间、首都重大文化体育活动的新闻发布厅，实现文化体育创意高端人才与信息的汇聚。鸟巢以其自身的强大聚合能力和影响力为奥运博物馆的展览展示、社教活动、文化产业的发展提供机遇。如果鸟巢内可供欣赏的标志性景点寥寥无几，则无法满足游客的心理需求。北京奥运博物馆建成后，弥补了这个不足，人们可以驻足博物馆，欣赏奥运文物，在休闲和娱乐中受到奥运文化的熏陶。可以说，北京奥运博物馆与鸟巢是互为补充、互相促进的关系。

图1-1 北京奥运博物馆

二、设计与功能定位

北京奥运博物馆是一个公益性的永久机构，它主要承担奥运文物征集、保管、研究和爱国主义教育基地建设相关工作。

北京奥运博物馆设计团队由美国加州大学设计学院、清华大学美术学院、水晶石数字科技有限公司、北京工业大学艺术设计学院联合组成，四家单位精诚协作，优势互补，专业分工明确。

（一）定位分析

北京奥运博物馆的功能定位可以用"一个核心""一条主线""一个平台"这"三个一"来概括。"一个核心"是指以阐释和宣传国际奥林匹克运动宪章、宗旨和奥林匹克精神为核心。"一条主线"是指展现北京奥运会从申办、筹办到举办的历程和辉煌成就，展示国际奥林匹克体育运动在中国的传播与传承，呈现中国体育与文化对国际奥林匹克体育运动的贡献。"一个平台"是指北京奥运博物馆作为专业博物馆，专题展示奥林匹克体育运动与文化。在市政府领导和公共财政支持下，以国内外奥林匹克体育运动专门机构、专家及学术研究团体为专业指导，为促进奥林匹克体育文化交流、展示和研究提供高起点的专业平台。

北京奥运博物馆的展览以传播奥林匹克文化，振奋中华民族精神为宗旨，主要通过展览、讲座、互动活动等方式，使观众更加深刻地理解奥林匹克精神。同时，展现北京奥运会的申报、筹办及举办过程中，在全国各族人民支持下所取得的巨大成就和首都各界在市委、市政府的领导下所取得的建设成果。

（二）设计原则

1. 建设依据及布局

北京奥运博物馆的建设依据如下：

（1）项目建议书批复和有关部门意见；

(2)《博物馆建筑设计规范》(JGJ66-2015);

(3)《科学技术馆建设标准》(建标101-2007);

(4)北京奥运博物馆提供的相关资料;

(5)《北京奥运博物馆建设项目节能专篇》(中国建筑设计咨询公司);

(6)《北京奥运博物馆项目交通影响评价报告(绿通)》;

(7)《北京奥运博物馆信息化建设项目可行性研究报告》;

(8)《热机设计及施工说明》;

(9)《北京奥运博物馆关于选择专业公司进行工程项目管理的请示》等文件。

图1-2　北京奥运博物馆3D影院

奥运博物馆建设内容包括拆改建及装饰工程、展陈工程、信息化建设和上展文物清理准备，同步实施室外广场、绿化、照明等室外配套工程。

北京奥运博物馆建在国家体育场正南门负一夹层。国家体育场用地面积204 124平方米，容积率0.99（按零层及以上建筑面积计算），总建筑面积258 055平方米，其中，地上建筑面积193 172平方米，地下的建筑面积64 883平方米。北京奥运博物馆使用面积是25 215平方米，空间使用范围内主要为通高空间，地下一层夹层建筑层高约为9—11米。北京奥运博物馆建设工程项目在原有建筑面积25 215平方米的基础上，通过局部加层，在原有通高空间内部分增设一层，设计中的一层相当于国家体育场的零层；地下一层相当于国家体育场的地下一层夹层，改扩建为建筑面积34 500平方米的大型博物馆。北京奥运博物馆主要分为两大功能区：第一部分为主展区和配套办公区，第二部分为临时展区和办公科研区。第一部分中，主展区位于馆区空间中部及西部，包括一层的门厅、过厅、序厅、开闭幕式厅等，地下一层的5大主题常设展区、3D影院及配套用房；配套办公区位于一层西南侧。第二部分位于馆区东侧，临时展区、办公科研区门厅位于一层；办公科研区位于地下一层。

作为对北京奥运会、残奥会成功举办所取得历史成绩的全面总结与回顾，北京奥运博物馆是集中展示北京奥运会、残奥会的大型专题性博物馆，也是继续弘扬和宣传奥林匹克精神与宗旨的重要场所。

国家体育场主体耐久年限100年，北京奥运博物馆加建混凝土结构，耐久年限100年，耐火等级1级，抗震设防烈度8度。北京奥运博物馆加层结构主要是在原混凝土柱预留预埋件上焊接钢梁连接板，钢梁与连接板采用高强螺栓连接，连接形式为铰接，尽量减少对原有结构的影响。钢梁上覆预制钢筋混凝土叠合板。

根据规划设计方案，北京奥运博物馆功能分区及面积分配表如下。

表 1-1　北京奥博物馆项目功能分区及面积分配表

单位：平方米

功能分区	规划设计方案		
	设计	B1（负一层）	1F（零层）
一、周转库房	300	0	300
二、陈列区	24 340	16 800	7 540
（一）主展区	14 250	14 000	250
1. 序厅（主题表演空间）	900	650	250
2. 百年奥运、中华圆梦	1 100	1 100	0
3. 科学发展、统领筹办	3 400	3 400	0
4. 无与伦比、世界同欢	5 000	5 000	0
5. 两个奥运、同样精彩	1 650	1 650	0
6. 奥运之城、世界之城	2 200	2 200	0
（二）其他展区	7 300	1 550	5 750
1. 科普区展区	400	400	0
2. 社会教育展区	600	600	0
3. 3D 影院	550	550	0
4. 环廊平台	4 000	0	4 000
5. 开闭幕式厅	1 150	0	1 150
6. 奖牌厅	600	0	600
（三）临时展厅	1 200	0	1 200
（四）报告厅	700	700	0
（五）多功能厅	550	550	0
（六）贵宾接待	340	0	340
三、技术及办公用房	2 200	2 200	0
四、观众服务设施	4 920	1 830	3 090

续表

功能分区	规划设计方案		
	设计	B1（负一层）	1F（零层）
1. 主入口总服务区（包括售票处、存包处）	280	0	280
2. 主入口大堂	1 200	0	1 200
3. 西门总服务用房	250	0	250
4. 贵宾通道	550	0	550
5. 餐厅	500	0	500
6. 临展厅售票/值班室	120	0	120
7. 报告厅外侧疏散走道（纪念品出售处）	630	630	0
8. 景观区	850	850	0
9. 卫生间	540	350	190
五、设备区	2 740	2 170	570
合　　计	34 500	23 000	11 500

2. 空间设计烘托气氛

北京奥运博物馆基本陈列依据大纲内容，在整体空间中，运用展墙、展柜、展台、艺术品、雕塑、模型、景观及大型场景复原，不同直线、弧线造型产生各个分区，造就出空间的扩张和收缩感，并依次划分主题，其间的立面采用半开放式、围合半通透的造型，使整个场馆形成完整的开放性空间，避免由于围绕而使观众置身于封闭环境中而不知身在何处，同时，这种方式还可以使整个场馆更加壮观且层次丰富。

各个分区主线展墙采用不同的搭建形式，且均为组装构成，方便组合成不同的结构，达到灵活选择展柜规格尺寸的目的，还方便未来改建或表现更多主题。

不同主题区的展柜、展台具有不同的形状和特点，但精致是唯一准则。展柜均采用超白夹胶安全玻璃端头抛光处理，能有效过滤95%的紫外线辐射，通过内部湿度的控制、展柜的密封、环保材料的运用和有害光线的隔离，实现对展品的全面保护。此外，隐藏式专业锁具及钥匙管理系统、重传感器（热传感、重量传感、柜内空气流动感应、冲击传感等）装置也是保障展品安全的重要手段。

展具全部根据文物、文献的规格尺寸、材质、保护要求等特点量身定做，以达到最佳展示及保护效果。场景均采用等比例缩放真实场景的方式，配以投影、立体电视、特效灯光，营造逼真的氛围，使观众如身临其境。

3. 照明设计突出主题

北京奥运博物馆的照明设计注重节能，优先选用高光效灯具、节能光源，配置节能附件。通过对光的方向、水平照度、垂直照度、眩光、光源显色性等指标的控制以及由它们所构成的人工照明环境，创造舒适的氛围，使观众在观展过程中有一个愉悦的体验。

（三）服务功能

1. 观众分析

奥运博物馆的功能和作用是多方面的，而参观人数是直接影响博物馆运营效益的重要指标。因此，北京奥运博物馆必须充分重视吸引观众的工作，体现以观众为本的服务管理理念。按照功能定位和运营策略，北京奥运博物馆的观众由三种类型组成，即游览观赏者、接受爱国主义教育者和进行文体交流者。

作为一个集中展示北京奥林匹克精神和文化的专业博物馆，北京奥运博物馆具有较为鲜明的特色和竞争优势。首先，每年有8 500多万的国内游客和300多万的境外游客到北京游览，而在北京2008年成功举办奥运会之后，奥运相关场馆、设施成了北京游览的热点。北京奥运博物馆具有位于国家体育场附近的优越的地理位置，并可以通过丰富的展品和娱乐互动方式，全方位为观众服务。其次，根据北京市教委公布的《2021—2022学年度北京教育事业发展统计概况》，北京市有各类学校3 749所，在校生399.7万人，其中，中小学在校生156.2万人。巨大的受教育人口基数保证了由学校组织集体参观北京奥运博物馆的概率。最后，北京成功举办了2008年夏季奥运会和2022年冬季奥运会，世界各国人民和社会各界对北京奥运的评价较高，以奥运博物馆为平台进行文化体育交流，参观考察活动的需求进一步加大。

由以上的分析可知，北京作为中国最具吸引力的旅游城市及"双奥之城"，北京奥运博物馆具有良好的公众参观基础和潜在参观人群，北京市旅游业的发展和博物馆优越的地理位置也为其发展提供了良好的外部环境。

2. 完善的服务

在北京奥运会筹办之初，为尽可能让所有人在走道通行和设施使用上没有障碍，在国家体育场建筑出入口、水平及垂直交通、观众卫生间等范围内按有关规定设置了无障碍设施。

（1）建筑入口：建筑的室内外通过均匀的无障碍缓坡过渡。

（2）水平及垂直交通：所有电梯均按无障碍电梯设计或预留，行动不便者可通过电梯抵达各层功能区。地下一层南北两侧高差间通过无障碍坡道连接。公共走道、功能用房门满足无障碍通行宽度的要求，最小门洞宽度为1米。

（3）卫生间：主展区门厅、常设展区的每组卫生间均包括1间无障碍专用卫生间（无性别卫生间），内设翻转式婴儿卧台。贵宾室内设1间独立无障碍卫生间。

（4）无障碍标志：根据规范，公共部分无障碍设施均设有无障碍标志牌及指示牌。

三、综合配套

（一）道路交通、市政及弱电系统

1. 道路交通

北京奥林匹克公园位于北四环路与北五环路之间，周边有多条高速公路和城市快速路、城市主次干道等，交通条件十分优越。地铁8号线和地铁15号线可以直达奥林匹克公园中心区。北京奥运博物馆东侧有一条汽车坡道与湖景西路、湖景东路相连，西侧有车辆通道通往国家体育场南路的地下通道。

2. 市政条件

（1）供水。沿国家体育场东南的东西向道路建设的DN400供水管道和沿景观路建设的DN600供水管道，为国家体育场提供多个供水点，供水压力为0.18—0.2 Mpa。国家体育场内原有一根DN250生活给水干管通过奥运博物馆，从此干管上接口，可以为奥运博物馆供水。

（2）中水。国家体育场东侧的景观路布置有DN300中水管道，奥运博物馆内冲厕用水全部使用中水绿化用水，同时根据实际情况选用中水或雨洪蓄水。国家体育场内有一根DN200中水干管从奥运博物馆通过，从此干管上接口，可以为博物馆供应冲厕用水和车库内地面冲洗用水。

（3）雨水。北京奥运博物馆的屋顶（基座平台）雨水采用内排水方式，由雨水沟、排水管组成。

（4）污水。北京奥运博物馆东西两侧的景观路和城市支路布置有污水管道，管径分别为600 mm和500 mm。卫生间及清洗排水均接入国家体育场原有污、废水集水坑。

（5）热力与供冷。北京奥运博物馆西中部对应的支路上布置有DN300热力管线，并建有热交换站。北京奥运博物馆所需市政热力经国家体育场内原有的两个热力站换热后可以提供。国家体育场内原有三个制冷机房，可为北京奥运博物馆提供冷源。

（6）供电。为保证供电可靠性，电源来自两个方向，国家体育场内5#变电所有两台2000 kVA变压器，但5#变电所低压配电出线设计仅满足中心舞台用电需求，在建设北京奥运博物馆时，对5#变电所进行了相应改造，以保证奥运博物馆用电与体育场演出活动用电可以错峰使用。

（7）信息管道。北京奥运博物馆西侧的城市支路上布置有36孔信息管道，可解决博物馆内电话、有线电视、宽带等弱电信息需求。

3. 弱电系统

北京奥运博物馆的弱电系统主要包括建筑设备管理系统（BMS系统）、电话交换系统、公共广播系统和有线电视系统。此外，还有环境节能环保、热力管线改造等系统。

（二）安全防范

1. 消防系统

（1）给排水专业消防。

消防水源：国家体育场原有消防储水和为8—12 m的空间增设的290 m³消防储水。

室内消火栓系统：室内消火栓系统接自国家体育场原有系统。原消火栓加压泵提供给北京奥运博物馆所需的流量和压力。北京奥运博物馆各层各部位均设消火栓保护，室内消火栓设在明显和易于取用处，其布置保证同层任何一点均有两股水柱同时达到。

自动喷水灭火系统：由于国家体育场原有的自动喷水灭火系统的水量标准不能满足北京奥运博物馆内大于8 m净高空间场所的要求，因此在博物馆内新建一座约290 m³的消防储水池和自动喷水灭火系统加压泵组，水池补水水源来自博物馆内的给水管道。8—12 m空间场所的系统稳压由国家体育场原屋顶水箱和稳压设备保证。

气体灭火装置：消防安防中控室、信息化机房设气体灭火，采用预制式七氟丙烷灭火装置，灭火设计浓度8%，喷放时间不大于8 s，浸渍时间5 min，设自动控制、手动控制、应急操作三种控制方式。

移动式灭火器：变电所按中危险级E类火灾配置手提贮压式磷酸铵盐干粉灭火器，保护距离不大于20 m；其他部位按严重危险级A类火灾配置手提贮压式磷酸铵盐干粉灭火器，除在每个消火栓箱内配置3具5 kg的灭火器外，还按保护距离不大于15 m的要求，在明显和便于取用且不影响安全疏散的地点，增设3具5 kg的灭火器。

消防排水：地下一层的潜水泵均有在消防结束后排出消防水的功能。

（2）暖通专业消防。

《建筑设计防火规范》（GB 50016—2014）涵盖的部分，按照规范要求设置机械排烟及相应的补风系统（当采用空调机组作为消防补风时，采用安全可靠的技术措施，保证排烟及补风系统正常运行）。

对于现行规范不能涵盖的部分，严格遵照消防性能化专项设计评估报告建设完成。无自然排烟条件的地上房间建筑面积大于300 m²的、长度超过20 m的内走廊设置机械排烟系统，按照防火分区或划分的防烟分区设置。设置了机械排烟系统的地下房间同时设置相应的机械补风系统。

上下通高的展陈区，排烟系统按照防烟分区设置。每个防烟分区的排烟量为80 000 m³/h，除空调机组的送风机兼作为消防排烟补风设备以外，单独在地下一层设置了2台机械补风系统，从而实现高排低补。

首层门厅设置两套机械排烟系统，设备安装在二期排风排烟风机房内。门厅玻璃屋面采用电动可开启的方式，排烟时作为自然补风口使用（其他区域排烟时也可使用），面积不小于50 m²。

开闭幕式展厅、"和字模"展厅按照单独防火隔离区考虑，分别设置两套排烟系统。排烟量按照2010年消防性能化概念设计的数值落实。其空调系统送风机兼做消防补风用，另外，两个展区分别设置一台专用消防补风机。

3D影院设置一套机械排烟系统，空调系统送风兼做消防时补风用。

所有通风、消防排烟设施均设置在室内设备机房内，以保证正常使用并有利于日常维护。

排烟系统采用电动排烟（阀）口，排烟口距离服务区域的最远水平距离小于30 m。电动排烟口可在火灾时手动或利用电信号开启，连锁排烟风机及相应的机械补风系统运行。排烟风机入口处的排烟防火阀熔断关闭后，连锁风机停止运行。

火灾发生后停用空调通风系统，启动相关区域的机械排烟、机械补风系统。非封闭区域的补风系统可以优先开启相邻防烟分区的消防补风机及地下一层专用消防补风机。空调、通风系统的管道在穿越管道井分隔墙、楼板，以及防火分隔墙处设置防火阀或防烟防火阀。

（3）电气专业消防。

①火灾自动报警及联动系统。

火灾自动报警及联动系统的保护等级按一级设置，系统包括火灾自动报警系统、消防联动控制系统、消防专用对讲电话系统、电梯监视控制系统、应急照明控制系统。

消防控制室：消防控制室设在一层，并设有直接通往室外的出口。消防控制室的报警控制设备由火灾报警控制器、消防联动控制台、消防图形显示装置、电气火灾报警器、打印机、应急广播设备、消防直通对讲电话设备、电梯监控盘和电源设备等组成。消防控制室可接收感烟、感温、火焰等探测器的火灾报警信号，以及水流指示器、检修阀、压力报警阀、手动报警按钮、消火栓按钮、防火阀的动作信号；显示消防水池、消防水箱水位，以及消防水泵的电源及运行状况；联动控制所有与消防有关的设备。

火灾自动报警系统：采用集中报警控制系统，按两总线环路设计，任一点断线不影响系统报警。每层及穿越防火分区处设置隔离器，若某个回路发生短路，可自动从主机上断开，以保证系统的安全。车库等场所设置感温探测器，一般场所设置感烟探测器，高大空间设置线性红外探测器，大型通信及计算机机房设置空气采样及极早期烟雾探测预警系统。

消防联动控制系统：火灾报警后，消防控制室根据火灾情况控制相关层的正压送风阀及排烟阀、电动防火阀，并启动相应加压送风机、排烟风机，排烟风机前排烟阀280 ℃熔断关闭，送风机前防火阀70 ℃

熔断关闭，均联动关停相应风机，阀、风机的动作信号反馈至消防控制室。在消防控制室，对消火栓泵、自动喷洒泵、加压送风机、排烟风机，可通过现场模块进行自动控制，也可在联动控制台上通过硬线手动控制，并接收其反馈信号。

消防专用对讲电话系统：在消防控制室内设置消防专用电话总机30门，除在各层的手动报警按钮处设置消防直通对讲电话插孔外，在变配电室、（消防）水泵房、气体灭火控制处、消防电梯轿厢、（消防）电梯机房、防排烟机房、建筑设备监控中心、管理值班室等处设置消防专用电话分机，专用电话分机底距地1.4 m。

电梯监视控制系统：在消防控制室设置电梯监控盘，能显示各部电梯的运行状态及层位显示。火灾发生时，根据火灾情况及区域，由消防控制室电梯监控盘发出指令，指挥电梯按消防程序运行：对全部或任意一台电梯进行对讲，说明改变运行程序的原因；除消防电梯停靠一层待命（由消防队员自行控制）外，其余电梯均强制返回一层开门，并延时断电。

应急照明控制系统：消防控制室、变配电所、消防水泵房、防排烟风机房、楼梯、防烟楼梯前室、消防电梯间及前室、合用前室、走道及重要机房的值班照明等处设置应急照明。

②电气火灾监控系统。

为防止电气火灾，北京奥运博物馆设置电气火灾监控系统，用于监测配电系统的漏电状况，以有效防止漏电火灾的发生。漏电报警信号送至一层消防控制室内显示，电气火灾监控系统控制器设在消防控制室，同时将报警信号送至变配电室显示。

2. 安防系统

在建设北京奥运博物馆时，为落实国家文物局、公安部关于贯彻落实《文物系统博物馆风险等级和防护级别的规定》的文件精神，其安防工程按一级风险单位设计，以确保博物馆的安全防范工作全面达标，保证文物安全。

依据《博物馆和文物保护单位安全防范系统要求》(GB/T16571—2012)中"安全防范系统的建设应坚持纵深防护的原则",纵深防护体系由周界、监视区、防护区、禁区组成,实现多层次、多防线、多方位、多种手段的防范,从而杜绝系统"漏报警"和最大限度地减少"误报警"。因此,北京奥运博物馆在建设时根据风险等级和防护级别的要求,结合各个防护区域的现场条件、布局特点,设计多层次的纵深防护。

北京奥运博物馆的安防系统以安全防范集成管理平台为中枢,以入侵报警和出入口控制系统为核心,以音频复核系统、视频监控系统、通信系统为辅助手段,通过计算机网络系统和管理软件,把各分立系统融为一体,使各子系统既各自独立,又相互联系、协调运行,从而增强系统的可靠性和有效性。

在多媒体计算机的管理控制下,安防系统实现各子系统间的信息传递和功能转换,构成一个有机集成,自动化、智能化、数字化程度高,功能设计完善,综合防范能力强,界面友好,易学易用,操作简单,维修方便的现代化系统。

北京奥运博物馆的安防系统以实用性为基础,以可靠性为依托,以先进性为目标,设计合理、安全可靠、技术先进、功能完善、操作方便;坚持内部防范和外部防范并重,人员防范、物理防范、技术防范相结合的原则;严格遵守国家相关法律法规的规定,并符合我国社会公共安全的技术标准;系统设计及设备选型充分考虑环保节能技术的应用;适应功能布局调整的特点,在管线和前端布点位置等方面留有调整余地及冗余度。

北京奥运博物馆安防系统的子系统主要有入侵报警系统、出入口控制系统、视频监控系统、音频复核系统、电子巡查系统、专用通信对讲系统、安全防范集成管理平台、监控中心等。

3. 周界防护

北京奥运博物馆一层南侧主入口两侧有两面玻璃幕墙,物防条件薄弱,因此在幕墙内侧安装主动红外栅栏报警器,并安装固定摄像机作为报警复核，一旦有人破坏玻璃闯入，即会触发报警，准确及时地将周界报警信号转化为打击犯罪的快速行动，变全方位的被动防范为有目标的主动防范，争取快速出击的宝贵时间。

在北京奥运博物馆与外界相通的门上安装门磁报警器，门厅内安装双鉴报警探测器，并安装固定摄像机作为报警复核，以此作为内周界防护的一种手段，一旦有人非法入侵，即会触发报警。

北京奥运博物馆地下一层北侧紧邻国家体育场，只有一墙之隔，两方都是受控区域。一层东侧为办公区，具备一定的物防纵深，亦构成较好的人防条件，西侧和南侧为回填压重区域，不具备钻洞入侵的可能，所以在以上人防、物防条件很好的区域，不需要采取防护手段。

四、信息化技术的应用

（一）博物馆信息化建设趋势

博物馆信息化建设是指利用网络、计算机、通信等现代信息技术，通过对博物馆信息资源的深度开发和广泛利用，不断提高收藏、研究、陈列、宣传、管理和服务的效率和水平。博物馆信息化需要多种技术的支撑，如硬件集成技术（计算机、网络通信、物理环境等）、数据集成技术（数据库、数据仓库等）、应用集成技术（应用支撑平台、开发工具、中间件，信息系统分析与设计等）、系统集成技术（对用户需求的完整解决方案）等。

由中国文物信息咨询中心组织相关人员成立标准编写组，并吸收有关博物馆具体人员参与，编制的《博物馆信息系统使用功能要求》，对博物馆信息系统基本框架进行了定义，包括7类系统和29个基本系统，如图1-3所示。

第一章 北京奥运博物馆的诞生

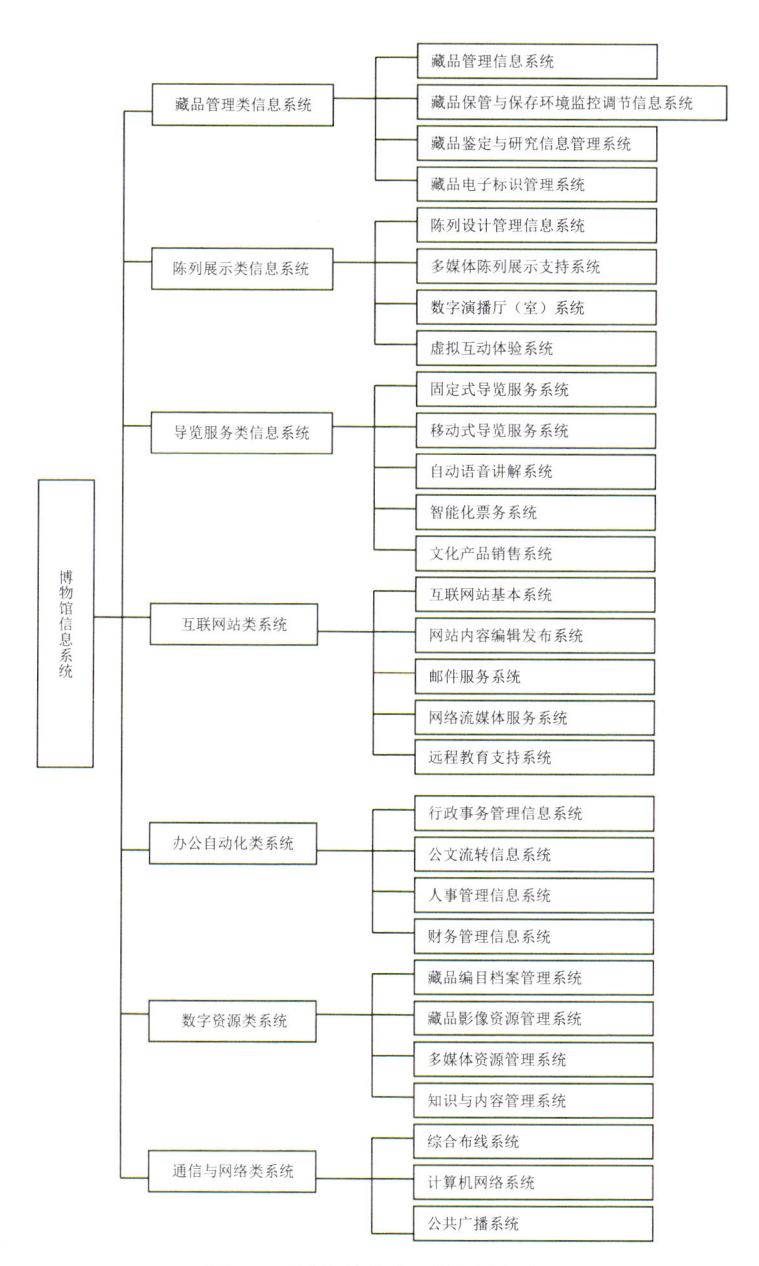

```
                                    ┌── 藏品管理信息系统
              ┌── 藏品管理类信息系统 ──┤── 藏品保管与保存环境监控调节信息系统
              │                     ├── 藏品鉴定与研究信息管理系统
              │                     └── 藏品电子标识管理系统
              │
              │                     ┌── 陈列设计管理信息系统
              ├── 陈列展示类信息系统 ──┤── 多媒体陈列展示支持系统
              │                     ├── 数字演播厅（室）系统
              │                     └── 虚拟互动体验系统
              │
              │                     ┌── 固定式导览服务系统
              │                     ├── 移动式导览服务系统
              ├── 导览服务类信息系统 ──┤── 自动语音讲解系统
              │                     ├── 智能化票务系统
              │                     └── 文化产品销售系统
博物馆信息系统 ┤
              │                     ┌── 互联网站基本系统
              │                     ├── 网站内容编辑发布系统
              ├── 互联网站类系统 ────┤── 邮件服务系统
              │                     ├── 网络流媒体服务系统
              │                     └── 远程教育支持系统
              │
              │                     ┌── 行政事务管理信息系统
              ├── 办公自动化类系统 ──┤── 公文流转信息系统
              │                     ├── 人事管理信息系统
              │                     └── 财务管理信息系统
              │
              │                     ┌── 藏品编目档案管理系统
              ├── 数字资源类系统 ────┤── 藏品影像资源管理系统
              │                     ├── 多媒体资源管理系统
              │                     └── 知识与内容管理系统
              │
              │                     ┌── 综合布线系统
              └── 通信与网络类系统 ──┤── 计算机网络系统
                                    └── 公共广播系统
```

图1-3 博物馆信息系统基本框架

25

近年来，博物馆信息化建设得到了博物馆界广泛的重视。信息化建设能有效提高博物馆内外部的科学管理水平，而科学管理的有效性则依赖于信息化建设的深化程度。总体上来看，博物馆信息化建设的趋势主要有：统筹规划，摸清现状和目标，强调统一标准与规范，实现互联互通，资源共享；强调以藏品管理为核心，从面向应用转型至面向服务；强调运用最先进、成熟的技术，重视硬件和软件资源的整合，引入先进的项目管理思想和管理技术；在建设过程中培养博物馆信息化专业人才；系统建成后，确保其有效利用。

（二）北京奥运博物馆信息化建设现状

纵观我国的博物馆，信息化水平各不相同，大部分老的博物馆，有的是从建网站入手，有的从藏品信息系统建设起步；而新建或改建的博物馆，一般从楼宇自动控制系统建设开始。故宫博物院、上海博物馆、南京博物院、河南博物院、敦煌研究院等单位，走在国内博物馆信息化的前列，信息化起步比较早，成效比较明显。

北京奥运博物馆信息化建设是以奥运信息资源建设为核心，以信息基础设施和公用信息服务平台建设为基础，充分利用现代信息技术，实现奥运题材文物的征集、保护、利用和管理工作信息化，促进国际交流与合作；通过奥运实物、经典图片、丰富视频、原景重现、观众互动等多种手段，多角度展示奥林匹克的魅力，弘扬奥林匹克精神和文化。

（三）北京奥运博物馆信息化建设目标

北京奥运博物馆信息化建设，首先要建立健全与信息化建设相适应的管理体制、运行机制和标准规范。其次，结合现代信息技术，完成场馆的智能化建设和陈列展览的设计，以及信息化建设涉及的网络通信、服务器集群等基础设施建设。最后，建设相应的业务支撑平台，包括互联网站系统、文化产品销售系统、奥运文化遗产管理系统、奥运数字博物馆系统、展品高清展示系统、行政办公管理系统、综合集成管理系统、综合监控管理系统、媒资专业系统等。

1. 互联网站系统

充分利用网络的深度、广度、宽度，以及历史的维度，建立一个形象、生动、权威的数字奥运博物馆。通过网络手段面向世界展示奥运相关物质、文化资产，更加突出中国和北京的文化特质。与实体馆不同的是，数字馆对展陈品的内涵可以赋予其应有的展示度。

此外，还可以为管理者提供先进、可靠的网站运营、管理以及信息发布等服务。利用相关硬件设备和软件系统，对观众流量、参观路径进行监控、记录，从观众行为辅助分析出观众的关注点、展区布局的合理性等博物馆管理信息。

2. 文化产品销售系统

对奥运文化产品的销售情况进行管理，并提供网上虚拟展卖服务，为奥运博物馆创造一定的经济效益。

3. 奥运文化遗产管理系统

每一届奥运会都会给举办城市和国家留下丰富而宝贵的物质财富和精神财富，这些财富构成了奥运会独特的遗产。奥运文化遗产管理系统根据北京奥运会的相关特点进行研究及定制，能实现藏品及相关资料的征集、藏品信息的编目、藏品的保管、藏品的鉴定以及藏品的展陈管理等功能。

4. 奥运数字博物馆系统

奥运数字博物馆系统采用3D虚拟参观与真实场景相结合的全新网上漫游模式展示北京奥运博物馆，3D虚拟参观以对虚拟仿真展馆参观和交互式探索形式呈现。在平台中物品可以无限期展示，且没有被毁坏、被偷窃的危险。人们不仅可以在平台上观看物品的三维立体形状，而且可以点击查看更多物品的相关信息。

此外，还可以通过网络采集引擎技术实时监测国内外的体育类动态、专题。管理者可以对这些信息进行加工、编排以及管理，并通过数据接口将数据批量转移到内网形成网际奥运信息资料，进一步建立奥体历史专题、奥体申办专题、奥体项目专题、奥体场馆专题、奥体名人专题、奥运精神专题、残奥专题、志愿者专题等数字影像定制与展示平台。

5. 展品高清展示系统

展品高清展示系统可以实现展品图像采集管理、图像存储管理、图像加工处理、图像资源检索、图像资源利用、图像资源与藏品信息的接口集成等功能。

6. 行政办公管理

行政办公管理系统以公文流转为核心，以行政事务、公共事务、个人事务为主线，并提供知识文档、流程设置、辅助决策等应用服务。

7. 综合集成管理系统

（1）统一集成门户。对用户、认证、权限、展示等内容进行整合，提供统一的接入、信息浏览等服务。实现软件平台所有应用系统的整合，提供门户元素自定义的功能，实现不同角色访问不同的界面。

（2）统一信息资源管理平台。采用信息整合技术，以元数据管理为基础，围绕信息资源交换、共享、整合及服务，整合奥运藏品资源信息、奥运非物质文化遗产资源信息、奥运数字资源管理平台、奥运专题管理等业务系统，形成完整的信息资源数据库，通过资源目录系统和数据共享交换系统，为奥运博物馆信息资源统一管理应用提供技术平台支撑和信息资源支撑。

（3）统一业务流程管理系统。该系统主要提供通用的业务流程管理功能，如业务流程定制、工作流引擎、业务表单定制、业务流程跨系统流转等。

8. 综合监控管理系统

综合监控管理系统提供统一的门户接入系统，收集网络监控、服务器监控、中间件监控、数据库监控信息，通过元数据规范，整合核心业务数据,并提供丰富的图形展示方式和多种统计方式。

9. 媒资专业系统

媒资专用系统建立了包含多版本音频、视频、图片、文稿、版权信息、标准格式编目数据包在内的媒体包底层数据结构,为资源交换提供了底层结构支持。同时,在媒体包底层数据结构的基础上建设全馆统一的全媒体资料的生产和管理系统,实现全馆各个应用子系统的互联互通,提高工作效率。

通过媒资专业系统,整合全馆各部门的资源,为馆内的节目制作提供资料,为博物馆新媒体事业发展提供可扩展性支撑,为节目资源的版权管理提供技术支撑,从而避免节目资源的重复投资,提高内容资源的价值。

虽然博物馆数字化信息管理,取得了一定的成绩,但是仍然不能满足现实对信息化日益高涨的需求。因此,我们要与时俱进地利用最新的技术手段保护并传承好奥运遗产。

五、机构及人员构成

北京奥运博物馆在北京市文物局领导下,参照国家事业单位人事制度改革政策,本着精简高效的原则,按需设置工作岗位,确保日常运营管理。

根据《关于同意成立奥运博物馆的函》(京编办事〔2009〕92号),北京奥运博物馆核定全额财政拨款事业编制66名,处级领导职数为1正3副。此外,北京奥运博物馆建成后,为弥补在编人员不足,用劳务派遣方式聘用编外人员100人,主要从事博物馆讲解、观众咨询、物品寄存、票务预约、展厅巡视、秩序维持、安全保卫等工作。

北京奥运博物馆目前共设有行政办公室、人事党务部、保卫部、信息资料研究中心、陈列策划部、开放社教部、征集部、保管部8个部门。

（一）行政办公室

行政办公室负责北京奥运博物馆日常行政事务、外事、物业后勤和财务管理工作，并协调沟通博物馆内外和各部门之间的工作，起到中枢作用。行政办公室的具体职能包括：单位综合性文件的起草、审核及有关规章制度的建立；行政档案的建立健全和文件传阅、批转、呈报工作；各类会议、活动的组织、落实工作；外事、来访接待及信访工作；公务用车的管理工作；设备、保洁等物业管理项目的招投标工作；办公设备等固定资产的购置、调拨、划转及处置等工作；财务经费预算和决算工作。

（二）人事党务部

人事党务部负责党风廉政建设政策法规宣传、监督检查、干部廉洁教育等工作；人员招聘、录用、考核、任免、调动、劳资、福利、保险等管理工作；在编及社会化用工的人员管理、工资及人事档案管理工作；党务、工会、共青团管理工作；职工的政治思想宣传教育工作等。

（三）保卫部

保卫部负责北京奥运博物馆安全管理工作，承担安全培训，技防、安防设备设施的使用管理和安全警卫等工作。

（四）信息资料研究中心

信息资料研究中心负责北京奥运博物馆数字化工程建设与运行管理、计算机局域网络管理、多媒体展示建设与运行管理、文化遗产影像数据采集与管理、网站建设与维护、科研工作组织与管理等工作。

（五）陈列策划部

陈列策划部负责北京奥运博物馆各类展览和大型活动的策划、组织、实施及对外宣传工作，为其他部门提供咨询、设计服务，为外单位提供有关展陈工程方面的咨询、顾问等服务。

（六）开放社教部

开放社教部负责北京奥运博物馆日常开放期间的讲解、接待、咨询、门票销售和检验管理，组织、推广社教活动，开展观众调查，组织编写讲解词、科普读物，对志愿者和会员进行管理，等等。

（七）征集部

征集部负责北京奥运博物馆藏品展陈征集工作、藏品资源调查工作，以及口述历史采访编辑工作。

（八）保管部

保管部负责北京奥运博物馆藏品的日常保护、提用等管理工作，临时展览藏品的交接、布展、撤展工作，协助开展展厅藏品整改、工程维修、藏品安全指导工作，开展藏品保管研究工作，为展陈、科研借阅等有关业务活动提供服务。

第二章

奥运主题展览的策划与实施

北京是一座拥有3 000多年建城史、870年建都史的世界著名古都，它以厚重的历史闻名于世。随着时代的进步，北京逐步走上科学发展的道路，城市定位也更具现代化。通过举办2008年奥运会这一契机，北京这座古都散发出生机勃勃的现代气息，以更加开放、包容的心态面对世界。可以说，2008年北京奥运会是北京城市历史里的辉煌一笔，奥运会留下的各种精神财富指引着北京转型升级。2008年北京奥运会，展现出具有悠久历史的东方文明古国和北京这座古老的城市面向世界、走向世界的勇气和自信心。从"人文北京、科技北京、绿色北京"到建设中国特色世界城市，北京"开放、兼容、进取"的文化内涵再一次被赋予了新的内容。北京奥运博物馆2008年5月由北京市文物局筹建，得到了北京市委市政府、各委办局、各行业工作者、体育爱好者的大力支持，从博物馆选址、文物征集到设计布展，在短短几年内完成了浩大的展陈工程，实现了"从无到有"，经过8年的试运行于2019年12月30日正式对外开放。在筹建和试运行过程中，可谓机遇与挑战并存，优势与困难并举。北京奥运博物馆创造性地解决了空间规划、文物不足、展陈定位方面的难题，其建设经验可为今后体育类博物馆的建设提供借鉴。

一、巧妙设计破解难题

（一）变劣势为优势，凸显奥运理念

选址鸟巢后，北京奥运博物馆在实际建设中遇到展陈空间受限、奥运文物定级标准不明晰、展陈定位等方面的困难。首先，博物馆展陈空间受到鸟巢立柱的制约。鸟巢在设计之初并没有预留建设博物馆的空间，它的外形结构主要由巨大的门式钢架组成，共有24根桁架柱。北京奥运博物馆位于鸟巢南侧零到负一层，东西跨距261米，南北跨距87米，馆内共有立柱178根，这178根柱子的间距也不均等，博物

馆没有一个开阔的空间进行展陈设计。建筑空间高度不够也制约了北京奥运博物馆的展陈工程改造。在实际空间规划中，北京奥运博物馆变劣势为优势，巧妙地利用场地空间的大挑高，搭建了二层展陈空间，将五个圆形平台用回廊连接起来，形象地构成"奥运五环平台"，很好地体现了奥运理念。

图2-1　室内原状

图2-2　北京奥运博物馆固定陈列场景

图2-3　奥运五环平台

其次，奥运文物定级标准不明晰，精品文物数量不足。北京奥运会从1998年递交申请书到2001年申奥成功，再到2008年盛大举办第29届夏季奥运会，期间产生了大量珍贵的奥运文献、资料、物品。北京文物局筹建奥运博物馆之前，并没有收集奥运会举办前的资料，许多珍贵的奥运文献资料由北京档案馆接收，还有一些具有收藏价值的奥运文物散落在各委办局，这给文物征集工作带来很大难度，客观上造成北京奥运博物馆文物不足的问题。根据国家文物局发布的《近现代一级文物藏品定级标准（试行）》，博物馆藏品中符合一级文物标准的藏品数量较少。从大纲体例来说，北京奥运博物馆固定展陈共分为5个部分，涵盖奥运申办、筹办、举办过程和残奥会、申办2022年冬奥会的内容，各部分所占比例如下：百年奥运　中华圆梦（20%）、科学发展　统领筹办（20%）、无与伦比　世界同欢（30%）、两个奥运　同样精彩（10%）、奥运之城　世界之城（20%）。而博物馆藏品主要集中在"无与伦比　世界同欢"部分，即奥运会开闭幕式文艺演出服装、道具和优秀运动员运动器械等，其他部分的藏品数量稍显单薄，奥运主题的呈现也受到限制。

（二）展陈设计体现制度优势，满足各界期待

1. 展览体现了政治高度

2008年北京奥运会的成功举办离不开举国办奥运的制度优势和领导关怀，凝结了以爱国为核心的民族精神和以改革创新为核心的时代精神，是中国文化软实力的体现和对中国改革开放及科学发展道路的成果检验。北京奥运博物馆的展陈设计站在时代的高度，阐明百年奥运梦想的实现，以及奥运对城市发展、民族复兴的意义。

2. 展览体现了奥运的广泛参与性，满足社会各界的期待

2008年北京奥运会、残奥会的成功举办，凝结了广大人民群众的智慧和心血。广大奥运建设者、工作者、志愿者在北京奥运会、残奥会各个岗位上无私奉献、奋力拼搏。每个人在奥运中扮演的角色不同，对奥运的理解也就不同，北京奥运博物馆的展陈设计全面反映了各个群体在北京奥运会中的作用，以及对奥运的看法。北京奥运博物馆多次邀请奥运专家、奥组委官员、奥运志愿者、奥促会等团体走进场馆，倾听他们的宝贵意见，不断完善展陈内容，明确展陈定位。

（三）情景再现与叙事空间相互交融

1. 展陈设计的基本思路和原则

北京奥运博物馆的展陈大纲以2008年9月29日胡锦涛同志在北京奥运会、残奥会总结表彰大会上的重要讲话为指导，前言、各部分的导语和概要说明、后记等，都着重引用了胡锦涛同志的讲话。北京奥运博物馆在起草展陈大纲的过程中，综合各方面因素，坚持了以下基本思路和原则。

（1）厚今薄古。展陈突出展示火炬传递、开闭幕式和精彩赛事，兼顾7年筹办、运行保障和奥运遗产等，而奥林匹克运动历史、中国人民的百年奥运情结、两次申奥历程等则一带而过、点到为止。

（2）突出亮点。展陈突出表现党中央领导对北京奥运会申办、筹办和举办的关怀与支持；全国各族人民对奥运的企盼、参与和奉献；北京市委市政府、国家体育总局、中国残联等机构为奥运所做的努力；北京奥运会作为一届无与伦比的体坛庆典向全世界所展示的盛景。

（3）国际视角。展陈全方位体现北京奥运会的国际性，包括：国际社会对北京奥运会申办和筹办工作的支持；国际奥委会和国际残奥委会对北京奥运会、残奥会筹备工作给予的指导和帮助；外国运动员在北京奥运会、残奥会上的精彩表现，等等。同时，提供多语种的参观环境（中英文对照的图文，多语种的志愿者讲解或语音导览），既让中国观众喜欢，也让外国观众明白。

（4）故事情节。展陈的各个部分尽可能容纳一些感人的人物故事和事件，以加深观众的印象、打动观众的心，如中国奥运第一人刘长春"单刀赴会"参加洛杉矶奥运会的故事，最年长的火炬手、老红军刘家祁的故事，英雄母亲丘索维金娜的故事，平凡的志愿者的故事等。

（5）科技手段。尽可能采用高科技声、光、电技术和多媒体手段，提高展陈的科技含量和可观赏性。此外，所有系统化的数据库，都可提供菜单式选项，可由观众点击，了解更详尽的信息，例如，视频部分为观众提供了历届奥运会的视频资料，北京奥运会成绩册部分为观众提供搜索任何一个运动员相关背景资料的服务等。

（6）观众互动。单独设置观众互动体验区，通过若干个互动项目，让观众尤其是青少年亲身参与、身临其境，了解奥运知识，体验运动带来的快乐。

2. 展陈设计的艺术追求

展陈设计团队通过学习、调研、感悟等多轮策划、设计、论证过程，更加深入地理解奥运和奥运博物馆，随之对奥运博物馆产生更加深厚的感情，从而提升对北京奥运博物馆展陈设计的艺术追求。

追求一：运动与艺术的融合

现代奥运之父顾拜旦认为，运动与艺术拥有相同的血脉，盛大的体育赛事就像杰出的艺术作品一样，诠释着人类进取、拼搏的伟大精神，是激情与完美的交织。

追求二：塑造叙事空间

根据展陈大纲及大纲中所涉及的历史事件、精彩瞬间，用讲故事的手法，编织情景交融的叙事空间。其塑造的方法是：用叙事空间的语言，叙述、凝练成一个故事空间，创造一种文化，感受一种美感，弘扬一种精神，让观众在参观和体验中得到知识，从中震撼和收获，从而产生一种满足感和幸福感。例如，地下零层前厅，作为博物馆大堂，其主要功能包括安检、存包、游客集散、聘请讲解员等。穿过大堂，观众进入"奥林匹克史"长廊，长廊两侧的正立面为大型长廊视频，播放着从黑白到彩色的奥运历史影像；长廊两侧的坡立面为气势恢宏的奥林匹克大事记。游客进入前厅后，可进入与之相邻的主题表演空间和字厅或通过电动扶梯进入负一层主要展陈区域。

追求三：多元复合化的空间效果

北京奥运博物馆追求与奥运会、奥林匹克公园、鸟巢相似的感受，运用大场景、大视效、大体量的手法，选用银白色为主体色调，点缀奥运五色，使展陈感受相对纯粹亮丽，同时还可以使观众缩小地上与地下的落差，产生一种深处地下仍感受阳光的感觉。

追求四，满足不同人群需求

北京奥运博物馆所在的奥林匹克公园区域，在奥运会结束后举办了大量高端体育赛事和会展活动，逐渐形成文化、体育、会展多业态融合式发展格局。展陈设计充分考虑客流的构成及整个区域的定位，在内容编排和形式设计两大方面下足功夫，提炼出鲜明而有特色的主题，并精心挑选上展内容，设计重点展项，让不同观众都能感到新鲜和满意，然后在此基础上，充分借助数字技术，让不同的观众根据自己的意愿和时间找到与北京奥运博物馆的契合点，从而产生强烈的共鸣。

二、展示辉煌，收获震撼

北京奥运博物馆全面展示了2008年北京奥运会、残奥会从申办、筹办到举办的辉煌历程。开幕式演员穿过的服装、使用过的道具，都出现在展陈中，如"击缶迎宾"表演中的缶阵、"丝路"表演中的巨大船桨、"文字"表演中孔子"三千弟子"所穿的服装等。除了这些"硬核"装备，还有许多有趣的展品，其中之一便是2001年申奥成功后，从全国各地小朋友那里征集来的奥运绘画作品。在小朋友们质朴的画中，五福娃形态可爱、赛场激情飞扬，无一不展示出他们对奥运的向往。

图2-4 开幕式道具

图2-5 儿童奥运绘画作品

除了夏奥篇章，北京奥运博物馆里也收录了2022年北京冬奥会的有关内容，它们共同彰显了北京这座"双奥之城"的风采。从2008年到2022年，从梦圆奥林匹克到再度携手，从"同一个世界，同一个梦想"到"一起向未来"，跨越了14年，而这其中的点点滴滴，都被珍藏在北京奥运博物馆中。

第一展区"百年奥运 中华圆梦"展示了中国人民的百年奥运情结和两次申奥过程，重点是第二次申奥的历程。展区面积为580平方米，共展出图片45幅、实物71件（套）、视频8个、场景2个。展区按大纲结构设置了"奥运追求""申奥征程"和"中华圆梦"三个单元。"申奥成功"的大型视频展区再现了2001年7月13日时任国际奥委会主席萨马兰奇宣布北京赢得2008年奥运会举办权时，莫斯科世纪剧院、中华世纪坛和天安门广场上热烈欢庆的场面。

第二展区"科学发展　统领筹办"按照"新北京　新奥运"战略构想和"绿色奥运、科技奥运、人文奥运"三大理念规划和筹办奥运的7年历程，突出蓝图规划、场馆建设、城市基础设施建设、大众参与和赛前保障，显示北京筹办一届"有特色、高水平"奥运会的坚实步伐。展区面积为1 050平方米，共展出图片262幅、实物242件（套）、视频20个、场景4个，是整个博物馆的展览重点，解析了"三大理念"的精神内涵。本展区共有6个单元，即举国优势、先进理念、建筑精品、奥运精神、参与奉献、传递梦想。本展区的特色之一是采用科技手段表现奥运圣火在奥林匹克赫拉神庙前点燃的场景，立体多层次地还原出神圣的圣火采集仪式。

第三展区"无与伦比　世界同欢"展示2008年北京奥运会仪式和赛事，重点展示火炬传递、开闭幕式、16天的精彩赛事及赛时服务保障工作，突出表现一届"有特色、高水平"奥运会的赛时盛况。展区面积为2 560平方米，是所有展区中面积最大的，共展出图片250幅、实物223件（套）、视频41个、场景6个。本展区是博物馆中文物最集中的区域，包括7个单元，重点展现了2008年北京奥运会创造的多个"第一"，如开幕式盛典、运动员成绩、文化活动、志愿者服务等。重点展品有胡锦涛同志点燃奥运圣火的火炬、开闭幕式的服装道具、比赛时的体育器械、奥运奖牌等。

第四展区"两个奥运　同样精彩"是残奥会专题展区，重点展示中国残疾人体育事业的辉煌成就、北京残奥会的筹备历程及残奥会开闭幕式等内容，表达了"两个奥运，同时筹办，同样精彩"的理念。展区面积为730平方米，共展出图片127幅、实物81件（套）、视频11个。本展区中设置展柜30余组，重点展品有中国残疾人运动员参加历届残奥会的服装、奖牌、比赛器械，北京残奥场馆相关设施，圣火传递的火炬和圣火盆，开闭幕式的服装道具等。

第五展区"奥运之城　世界之城"概括和总结北京奥运会留下的宝

贵遗产，包括鸟巢、水立方、五种奥运精神、北京奥运会的五大亮点、奥运志愿服务等物质和精神遗产，介绍北京奥运会结束后组委会的总结表彰、善后安置和捐赠工作，以及后奥运时期各项事业取得的新进展等。本展区展示图片74幅、实物21件（套）、视频21个。本展区包括"历史丰碑""奥运财富"和"世界城市"三个单元，力图使观众对北京奥运会产生难说再见的情怀，并对北京送上祝福。

奥运金牌特装展区主要展示奥运健儿在赛场上的英姿。2008年北京奥运会上，运动员共打破38项世界纪录、85项奥运会纪录，是一届高水准的盛会，是各国运动员展现才华的国际化大舞台。2008年北京奥运会不仅突出了"更快、更高、更强"的体育文化氛围，也成为历史上参赛项目最多的一届奥运会。

为了充分再现开闭幕式这一"世纪盛典"，北京奥运博物馆一层特别设置了开闭幕式特装区。该展区直径33米，采用新颖的180度半环绕式剧场，立体展现了2008年北京奥运会开闭幕式的盛况。观众置身其中，仿佛身临其境地重新感受到2008年北京奥运会开闭幕式的庆典氛围。

除以上展区外，北京奥运博物馆的展区还包括奥林匹克历史长廊、独立影视厅、观众互动区和观众信息台等独立展区，以及"和字厅""开闭幕式"和"3D影院"三大剧场。

为保证参观线路通畅，北京奥运博物馆一层展区设计了完全开放的展示空间，二层展区设有专门的休息区。观众可以跟随讲解员参观，也可以使用多语版本的自助导览设备进行自主参观。

（一）精彩瞬间，难忘时刻

序厅是北京奥运博物馆展览的序篇，也是展览的重点区域。序厅面积为1 100平方米，包含4个方面的内容。

图2-6　奥运博物馆序厅

（1）以奥运元素为主色调进行环境布置，营造奥运氛围，包括国际奥委会会旗、国际残奥委会会旗、北京奥运会会旗、北京残奥会会旗以及参加2008年奥运会的204个国家和地区的旗帜、北京奥运会标识及图标等。

（2）设置大屏幕，以视频方式，快节奏、多角度地循环播放2008年北京奥运会、残奥会筹办和举办过程中的重大事件和精彩瞬间，形成强烈的视觉冲击，给观众留下难忘印象，奠定整个展览的基调。

视频长度8分8秒，寓意2008年8月8日第29届夏季奥运会在北京隆重开幕，重点突出申奥成功、火炬传递、开幕式、精彩赛事、闭幕式。视频包括21个里程碑事件及奥运精彩瞬间。

- 2001年7月13日，萨马兰奇在莫斯科宣布北京获得2008年第

29届奥运会举办权。

- 2001年7月13日夜，江泽民同志等党和国家领导人在世纪坛与各界群众共同庆祝北京申奥成功。
- 2001年12月13日，第29届奥林匹克运动会组织委员会在北京成立。
- 2003年8月3日，北京奥运会会徽——"中国印·舞动的北京"在天坛发布。
- 2004年7月13日，北京残奥会会徽"天地人"发布。
- 2004年8月29日，王岐山同志代表北京市政府在雅典奥运会闭幕式上接过国际奥委会会旗，标志着奥运会进入"北京周期"。
- 2005年6月26日，发布北京奥运会主题口号——"同一个世界，同一个梦想"。
- 2005年11月11日，发布北京奥运会吉祥物"福娃"。
- 2006年9月6日，发布北京残奥会吉祥物"福牛乐乐"。
- 2007年3月27日，发布北京奥运会、残奥会奖牌"金镶玉"。
- 2007年4月26日，发布北京奥运会火炬接力计划及祥云火炬设计方案。
- 2007年8月8日，北京奥运会倒计时一周年庆典在天安门广场举行，北京向全世界发出奥运会邀请函。
- 2008年3月24日，在古希腊奥林匹亚遗址采集北京奥运圣火；3月31日火炬传递启动仪式在天安门广场举行。
- 2008年5月8日，奥运火炬登上世界之巅——珠穆朗玛峰。
- 2008年8月8日，北京奥运会开幕式（击缶、字模、和平鸽、太极、点火、中国队入场）。
- 2008年8月8日，胡锦涛同志宣布北京奥运会开幕。
- 2008年8月24日，北京奥运会闭幕式。

- 2008年8月28日,温家宝同志在北京残奥会火炬传递启动仪式上宣布火炬接力开始。
- 2008年9月6日,北京残奥会开幕式。
- 2008年9月17日,北京残奥会闭幕式(写给未来的信,撒红叶,圣火熄灭)。
- 2008年9月29日,党中央、国务院在人民大会堂举行北京奥运会、残奥会总结表彰大会。

奥运精彩瞬间(尽量使用赛场同期声):博尔特打破男子百米世界纪录;菲尔普斯赢得8块奥运金牌,震惊世界体坛;中国男子体操队赢得团体冠军;伊辛巴耶娃女子撑竿跳连破世界纪录;中国选手杜剑平在男子100米自由泳比赛中获得中国残奥会首金;无臂英雄何军权男子50米S5级游泳比赛;等等。

(3)以图片方式展示党中央领导集体、国际社会对北京奥运会申办、筹办、举办的关怀与支持。

(二)从奥运三问到圆梦中华的艰辛历程

1. 第一部分 "百年奥运 中华圆梦"

近代以来,中国体育开始与国际接轨,古老的东方大国,逐渐走进奥林匹克运动。1907年,中国著名教育家张伯苓先生提出中国应尽早参加奥运会。1908年,中国人发出"奥运三问"。1924年,中华全国体育协进会成立;1931年,国际奥委会正式承认该协会为中国奥委会,中国正式成为国际奥林匹克大家庭的一员。

在旧中国,中国人为了实现自己的奥运梦想历尽艰辛。1932年,中国运动员刘长春独闯洛杉矶奥运会,成为出现在奥运赛场上的中国第一人,中华民族用24年的时间实现了奥运三问的第一个理想。1936年,中国派出69名运动员参加柏林奥运会;1948年,中国派出33名运动员参加伦敦奥运会。旧中国参加的三次奥运会成绩虽不理想，但他们的探索和努力给国人带来了希望。在中国通向奥运之路进程上，他们作为寻梦人和求索者，为一代又一代的中国人民所铭记。

新中国的成立，为奥林匹克运动在中国的进一步发展提供了前所未有的机遇，奥林匹克运动在中国开始了新的旅程。1952年，中国派出体育代表团赴赫尔辛基参加第15届奥运会，五星红旗高高飘扬在奥运赛场的上空，向世界宣告新中国奥林匹克运动的存在。后来，由于种种原因，中国同国际奥委会的关系遗憾地中断了。但是，中国人民并未放弃实践奥林匹克理想，继续推动奥林匹克运动，弘扬奥林匹克精神。

1979年，国际奥委会恢复了中国的合法席位，中国重返奥林匹克大家庭。1984年洛杉矶奥运会上中国射击运动员许海峰成为本届奥运会首金得主，也成为了中国奥运会金牌第一人，实现了中国奥运会历史上金牌"零"的突破。这一历史性成就也回答了"奥运三问"的第二问，中国体育走上了辉煌的道路。

早在改革开放初期，中国领导人就明确表示，中国不但要参加奥运会，而且可以承担举办奥运会的义务。1991年，北京正式提出申办2000年第27届奥运会。1993年9月23日，在蒙特卡洛国际奥委会第101次全会上，北京以两票之差与第27届奥运会擦肩而过。自1999年开始，北京第二次踏上了申办奥运的征程。2001年，中国最终获得2008年第29届夏季奥运会的举办权，中华民族用了一个世纪实现了"奥运三问"的第三个理想。

北京奥运会从申办到筹办，自始至终得到了国际社会的关注和支持。国际奥委会在申办期间给予北京最大的信任和期待，在筹办期间给予了具体的指导和帮助。各国际单项体育协会、各国家和地区奥委会以及各国际组织和各界友好人士，均对北京奥运会投入了巨大的热情。

图2-7 第一展区"百年奥运 中华圆梦"

"百年奥运 中华圆梦"的展览部分用更广阔的时间与空间维度，阐释了中国奥运文化从无到有的曲折经历，彰显了时代诉求与民族特质。1908年，《天津青年》发出著名的"奥运三问"：中国何时才能派一位选手参加奥运会？中国何时能得到一块奥运金牌？中国何时才能举办一届奥运会？这既是当时有识之士针对奥林匹克运动引发的思考，更是中国人民盼望祖国强大、登上世界舞台的时代呐喊。百年追逐正是中国奥运文化的起点，是中华民族不同于世界其他民族的发展道路所决定的，也自然呈现出不同的民族文化元素。这一百多年间，中国社会翻天覆地的变革与中国人民对奥运梦想的追逐紧密联系在一起，从救亡图存到政权独立，从"东亚病夫"到体育强国，一路走来见证了中华民族的复兴之路。

2. 第二部分 "科学发展 统领筹办"

从获得2008年奥运会举办资格的那一刻起，北京就开始积极筹办奥运。北京提出了"新北京，新奥运"的战略构想，提出了举办北京奥运会的一个目标、三大理念和五项方针，制定了奥运会总体工作规划。北京奥运会的筹办工作按计划、分步骤地有序展开。北京筹办奥运的7年历程，正是中国经济和社会发展的重要阶段。中国改革开放和全面建设小康社会取得重大进展，综合国力大幅提升，人民得到更多福祉，国际地位和影响显著提高。北京市按照"十一五"规划确定的目标，结合北京的长远发展和奥运会筹办工作的实际，在目标规划、场馆布局、市政建设等各个领域，贯彻落实科学发展观，谋求在举办一届有特色、高水平奥运会的同时，实现北京乃至全中国的可持续发展。

"绿色奥运、科技奥运、人文奥运"，作为奥运史上的首倡，既是2008年北京奥运会的申办理念，更是北京奥运会和残奥会贯穿始终的行动，进而给世界奥林匹克运动留下一笔丰厚的遗产。2002年3月28日，北京市人民政府和北京奥组委举行新闻发布会，向社会公布《北京奥运行动规划》，并配套提出生态环境建设规划、交通通信基础设施建设规划、数字奥运建设规划、科技奥运建设规划、文化和精神文明建设规划、安全保障系统建设规划、能源建设规划和筹办奥运会的总体战略规划，等等。2008年北京奥运会共使用37个比赛场馆，其中31个位于北京，其余6个分别位于青岛、香港、天津、上海、沈阳、秦皇岛。北京的31个奥运场馆，按照"一个中心，三个区域"规划："一个中心"为奥林匹克中心区，"三个区域"分别为西部社区、大学区和北部风景旅游区。同时配套建设8个相关设施：奥运村、主新闻中心、国际广播中心、数字北京大厦、奥林匹克森林公园、媒体村、青岛奥运分村、香港奥运分村。

"科学发展　统领筹办"的展览部分通过2008年北京奥运会筹办过程中的谋划部署以及三大理念的实践落实，精准地总结出奥运精神的主要内容，并将其融入中华民族的伟大精神，阐释了中华奥运文化的精神实质，凸显了民族精神与时代精神。展览以广大筹办工作者在党的正确领导下不忘人民的嘱托，勇于进取，奋力拼搏，涌现出的大量可歌可泣的感人事迹为支撑，继而将奥运精神升华总结为以爱国主义精神为核心的民族精神和以改革创新为核心的时代精神的生动体现，是中华民族伟大精神的重要内容，也是社会主义核心价值体系的重要组成部分。

图2-8　1:50鸟巢模型

图2-9　国际奥委会与中国奥委会会旗

3. 第三部分"无与伦比 世界同欢"

2008年3月24日，北京奥运圣火在希腊点燃。从西方到东方，从古希腊奥林匹亚到中国万里长城，从赫拉神庙到天安门广场，"祥云"承载着象征和平友谊的圣火传遍全球。5月8日，人类第一次在世界最高峰——珠穆朗玛峰，举起了奥运圣火。

奥林匹克火炬接力是奥运会主办国提升公众对奥运会认知度和创造宣传点的最有力的传播活动，使主办国人民有机会全面感受奥运会的力量，也为举办国家和城市提供了展示自己的机会。

北京奥运圣火传递历时130天，总行程13.7万公里，抵达19个国家的19个城市，并传遍中国102个城市和中国香港、澳门特别行政区，火炬手21 000余名，是奥运史上传递路线最长、范围最广、参与人数最多的火炬接力。"祥云"火炬在世界五大洲的传递，播撒下全世界人民对北京奥运会的期盼和祝福。

2008年8月8日，第29届奥运会开幕式在鸟巢隆重举行，胡锦涛同志等中国党和国家领导人，时任国际奥委会主席罗格、终身名誉主席萨马兰奇，以及来自世界各地的贵宾出席，同全场观众共同见证这一激动人心的历史时刻。

北京奥运会为世界献上了一份视觉和听觉的盛宴，古老的中国文明向世界展示了自己的风采。中国体操运动员李宁腾空飞翔，在国家体育场上空一幅徐徐展开的中国式画卷上矫健奔跑到火炬塔旁，点燃引线，熊熊燃烧的奥林匹克圣火把国家体育场上空映照得一片辉煌。史诗般的大型文艺表演展现了中华民族的光荣与梦想，是中华民族灿烂文化的精彩亮相，其艺术震撼力与感染力令世界惊叹。

2008年北京奥运会比赛共设28个大项、38个分项、302个小项。在北京奥运会的舞台上，呈现了无数精彩故事和传奇。204个国家和地区的1万多名运动员参与角逐。这里有力与美的展示，更有精神和意志的壮歌。博尔特、菲尔普斯等运动员的精彩表现，将体育精神带到一个新的高度，这是北京的光荣，更是奥林匹克的光荣。精彩赛事书写着奥林匹克的辉煌，更快、更高、更强的奥林匹克精神在北京奥运会的神奇赛场上，在公平洁净、服务安全的完美保障下熠熠生辉。

2008年8月8日至24日，北京奥运会的组织者们以巨大的热情、强有力的动员机制和高效有序的组织运行，向世界践行承诺，奉献精彩。无论从赛事组织、奥运安保、奥运交通，还是媒体、餐饮、住宿、医疗服务等诸多方面，北京奥运会都交出了一份圆满的答卷。北京奥运会期间，社会各界组织实施了旨在让来到北京的五洲宾朋对中国文化有更直观、更真切感受的系列奥运文化活动。"祥云小屋"讲述着五千年的中国故事，中国国家级文化遗产以及各地区充满生机与活力的民族民间活动在这里得到充分展示。

2008年8月24日，北京奥运会闭幕式在国家体育场隆重举行，来自各国各地区的运动员、教练员和来宾共同庆祝本届奥运会取得圆满成功。时任国际奥委会主席罗格在闭幕式上称赞，北京奥运会是一届"真正的无与伦比的奥运会"。

"无与伦比　世界同欢"的展览部分在展现奥运盛典的同时，更讲述了中国文化传统与奥林匹克文化在诸多层面充分融合的盛况，更展示了经过五千年洗礼的中华文化底蕴。我们为国家和民族感到自豪，我们真诚地欢迎每一位远道而来的客人，我们把最好的一面展现出来，使观众更多地看到在这场精彩的文化盛宴背后，既有勇于拼搏、为国争光的奥林匹克运动的价值宣扬，更有民族气质与地域风采的突出呈现。

第二章
奥运主题展览的策划与实施

图2-10　28大项体育运动雕塑

图2-11　马术障碍赛比赛设施

图2-12 志愿者工作场景

4. 第四部分"两个奥运 同样精彩"

2008年9月,北京告诉世界:我们做到了!残疾人运动员以自强精神、顽强意志和超强技艺,让"超越、融合、共享"的理念在本届残奥会闪耀出别样光辉。而健全人与残疾人的融合,让残奥会在体育竞赛之外有了更深层的寓意。

1984年6月,残疾人运动员平亚丽获得中国残奥会首枚金牌。中国的残疾人体育运动从一开始就呈现了迅猛发展的态势,为无数残疾人提供了展示卓越才华的机会。

2004年雅典残奥会,中国代表团获得63金,奖牌总数首次突破100大关,金牌和奖牌总数排名第一。2008年北京残奥会上,中国残疾人运动员再次续写了这一辉煌。

中国的残疾人体育从来就没有局限于运动本身,而是无数残疾人意志的磨炼、价值的证明和尊严的提升。中国的残疾人体育运动自始至终承载了庄严的使命，推动无数残疾人回归社会，融入主流，共向未来。"超越"是北京2008年残奥会理念的核心，传达了残疾人运动员超越生理障碍的勇气和信心，展现了他们自强不息、顽强拼搏的精神风貌。"融合"涵盖人与人、人与社会以及人与自然融合三个方面，体现了奥林匹克运动"团结、和平、和谐"的价值观和中国传统的"天人合一"理念。"共享"就是要让残疾人与健全人在体育运动和社会生活中享有平等权利，共享体育运动带来的欢乐、友谊、梦想与成功，共享社会文明成果，表达了残疾人与健全人同属一个世界、携手共创未来的崇高理想。

2008年9月6日，北京残奥会开幕式在国家体育场隆重举行，时任中国国家主席胡锦涛出席开幕式并宣布北京残奥会开幕。来自147个国家和地区的4 000多名残疾人运动员，同全场9万多名观众共同见证这一期盼已久的盛会。

在北京残奥会赛场上，残疾人运动员顽强拼搏、奋勇争先，刷新了279项残疾人世界纪录和339项残奥会纪录，展现了自尊、自信、自强、自立的精神风貌，唱响了自强不息的生命赞歌。每一名运动员都以顽强的意志和拼搏精神诠释了生命的价值和意义，给人以强烈的心灵震撼和精神洗礼。

中国体育代表团第一次参加20个项目全部比赛，并获得89枚金牌、211枚奖牌，名列金牌榜和奖牌榜首位。

2008年9月17日，北京残奥会闭幕式在国家体育场隆重举行，一张张明信片，满载着北京的祝愿寄往远方。时任国际残奥委会主席菲利普·克雷文在闭幕式上致辞，称赞北京残奥会是"有史以来最伟大的一届残奥会"，希望所有运动员、教练员和官员把北京残奥会独一无二的体育精神带往地球的四面八方，以此鼓励更多的人参与运动，结交朋友，点燃心灵之火。

图2-13 "给未来的信"动态雕塑

5. 第五部分"奥运之城 世界之城"

广大奥运建设者、工作者、志愿者牢记党和人民的重托，勇于承担中华民族百年圆梦的光荣使命和伟大时代提供的难得机遇，大力培育和弘扬了为国争光的爱国精神、艰苦奋斗的奉献精神、精益求精的敬业精神、勇攀高峰的创新精神、团结协作的团队精神，为2008年北京奥运会、残奥会的成功举办提供了强大的精神支撑。

"奥运之城 世界之城"的展览部分一以贯之地诠释了东方体育文化赋予奥林匹克运动的文化特质与时代创新，展现了中国奥运文化的独特风采，讲述了中国人民追求奥运梦想的不懈努力与探索，以及中国人民为世界奥林匹克运动作出的巨大贡献。对于观众完整了解中国人民的奥运追求、增强民族自信、振奋民族精神、激发爱国热情都起到鲜明的引领与传导作用。

（三）展览举例

在展览第一部分"百年奥运 中华圆梦"中，出现的第一件实物展品是1932年张学良将军送给刘长春的皮箱。1932年，在南京政府并未拨付任何费用给奥运代表团的情况下，时任东北大学校长的张学良将军自己出资资助刘长春参加奥运会，还赠送其一只皮箱。在此情况下，中国首次派出一个3人组成的代表团，运动员只有刘长春一人，参加了第10届洛杉矶奥运会。这只皮箱既是中国参与世界奥林匹克运动的真实物证，也体现了中华儿女不畏艰难、矢志不渝的顽强精神与民族气节。

在展览第二部分"科学发展　统领筹办"中，为体现"新北京，新奥运"的战略构想和"绿色奥运、科技奥运、人文奥运"三大理念，有一组关于北京奥运会会徽、口号、体育图标、吉祥物、奖牌等实物的集中展示。北京奥运会会徽的设计凸显中国元素；奥运会口号"同一个世界，同一个梦想"表达出世界人民的共同心愿；奥运会吉祥物表达出北京最真诚的祝愿；奥运会体育图标展示着中国文字的魅力；以金和玉镶嵌的奥运会奖牌彰显出民族文化元素，承载着中华民族文化和奥林匹克文化的相互融合。祥云火炬"渊源共生，和谐共融"的创意灵感，传递着中国人民"天下大同、协和万邦"的伟大理想。

在展览第三部分"无与伦比　世界同欢"中，北京奥运会开闭幕式服装与道具的集中展示，让观众近距离地重温当时的热烈气氛；赛场运动器械的集中展示，让观众再次感受到奥林匹克追求更高、更快、更强的宗旨。中华民族特质文化与拼搏向上的奥运精神融合在一起，形成独具魅力的奥运文化氛围。

在展览第四部分"两个奥运　同样精彩"中，对北京2008年残奥会海报、会徽、吉祥物、奖牌等进行集中展示。残奥会吉祥物"福牛乐乐"的创作灵感来自古老的农耕文明，牛的良好形象蕴含着残疾人运动员自强不息和顽强拼搏的精神，与残奥会运动员奋发向上的品格和北京残奥会"超越、融合、共享"的理念相契合。残奥会会徽的设计表现了心智、身体、精神和谐统一的残疾人奥林匹克运动精神，具有深厚的中国传统文化底蕴。中国传统文化赋予现代奥林匹克新的灵感，古老的中华文明也在残疾人奥林匹克运动中得到崭新的诠释。

在展览第五部分"奥运之城 世界之城"中,集中展示了2008年北京奥运会与残奥会申办、筹办、举办过程中涌现出的先进人物系列表彰奖牌与奖章,这是中国人民艰苦奋斗、敢于拼搏的见证,是无数中华儿女奉献祖国、热爱祖国的赤子之心,这一切既构筑起奥林匹克运动的历史丰碑,又成为启迪后人继往开来的精神动力。

三、科技奥运,筑梦之旅

博物馆的社会责任是将历史上的精彩瞬间以展览的形式保存下来,并将其提炼凝结,作为文化的载体传承下去。北京奥运博物馆基本陈列正是以紧跟时代脉搏、弘扬奥运精神、传承奥运文化为办展宗旨,以特有的文化资源,为振奋民族精神、实现中华民族伟大复兴的中国梦贡献力量。

北京奥运会提出的"绿色奥运、科技奥运、人文奥运"理念,在实践中不断推进,提升了城市文明程度,推动了社会进步。北京奥运博物馆作为奥运文明的记录者和传承者,可以用展陈的方式传承这三大理念。于是,博物馆在展陈设计中充分体现了"绿色奥运""科技奥运"和"人文奥运"的内涵,用"科技"突出百年奥运的恢弘与震撼,用"人文"书写奥运文化与中华文明的和谐乐章。

为了更好地表达主题,北京奥运博物馆突破了传统展示手段,大胆地采用一些先进展示技术,将奥运会所包含的历史、人物、事件、理念、精神、价值、未来等丰富内涵,以生动的、互动的形式呈现给每一个观众,让他们获得难忘的体验。展览将北京奥运会"绿色奥运、科技奥运、人文奥运"理念融入设计中,通过高科技手段弥补文物不足的缺憾。整个陈列中,"科技奥运"与"人文奥运"交相辉映,国际化与民族性和谐共荣,既有时代高度又充满奥运元素,融知识性、趣味性、互动性于一体。

北京奥运博物馆的数字展陈设计，始终围绕"百年奥运梦"这一主题，从"奥运三问"出发，引出了中国人民的百年奥运梦想。同时，奥运会的科技、绿色、人文理念也与展陈设计相融合，利用高科技的展示手段，向观众展现了自2008年以来，北京以奥运精神为依托，构建和谐社会的不懈努力。总体设计框架如图2-14所示。

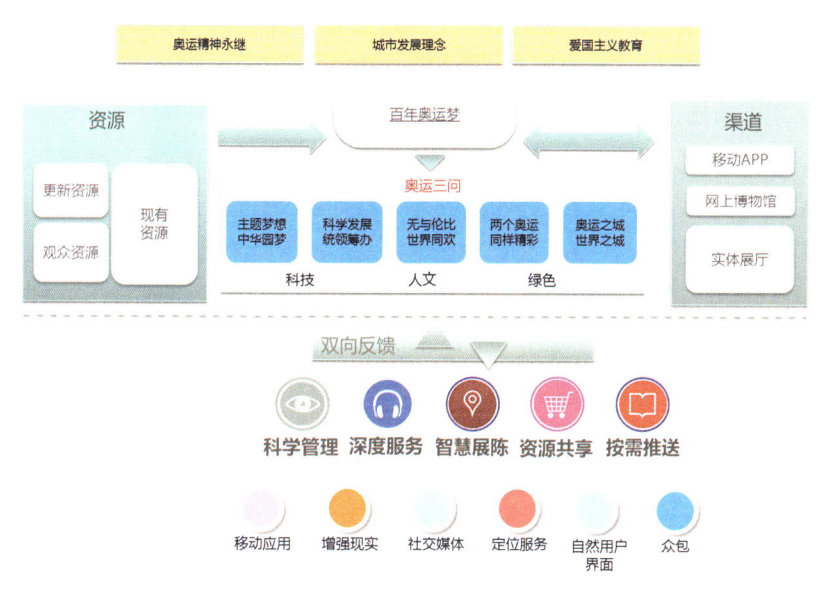

图2-14 总体设计框架

（一）科技呈现丰富内涵

奥运精神就是通过追求文化与道德来完善人性，推进人类社会的团结、友谊、进步与和平。如今奥运精神在不断追求和平的公共体育精神的指导下，文化的包容性日渐加强。北京奥运博物馆的展陈也是开放的、常新的，通过不断更新的展陈资源和手段，重点反映2008年北京奥运会的盛况，以及现代奥运会的历程，同时展示北京城市发展的最新成果。作为一个开放型的现代化博物馆，北京奥运博物馆致力于培养观众对竞技体育的热爱和对北京城市发展的参与，同时对观众进行潜移默化的爱国主义教育。

根据博物馆的功能定位和现实条件，北京奥运博物馆以"见证百年奥运梦想"为主题，将中国人的百年奥运梦想以多种故事形态，融入多个展项中，如"奥林匹克史"长廊、"申奥征程""申奥成功"剧场等，将2008年北京奥运会串联成一条主线，演绎出北京奥运的恢弘气势，让观众体验到充满激情与梦想的奥林匹克筑梦之旅。

北京奥运博物馆在展陈设计中突破传统，应用新兴技术体现"科技"理念，如"火种采集 北京起航""志愿者的一天""和字厅""魔幻水立方""世纪盛典""给未来的信"等展项，不仅充分运用了声、光、电等手段，还融入了AR、幻影成像等技术，整体设计突出新颖的设计理念，尊重奥运博物馆主题的特殊性，以富媒体的形式很好地演绎了主题，提升了趣味性，让观众和博物馆之间形成积极的互动。

1. "奥林匹克史"长廊

"奥林匹克史"长廊是进入北京奥运博物馆后的第一个重要科技展项，通过2台高清高亮投影机融合展示墙，展示奥运历史和2008年北京奥运会精彩瞬间。当观众沿着长廊前行时，仿佛进入了奥林匹克的时空隧道。右侧的大型长廊视频，播放着世界奥运史影像；左侧为恢弘壮观的奥林匹克大事记。经过精心编辑的奥运历史画面热烈宏大、震撼人心，对弘扬奥运精神，展现北京体育人文精神，营造积极向上的和谐氛围起着重要作用。

2. "申奥成功"沉浸式体验

该展项再现了北京奥运会申奥成功的欢庆场面，利用大跨度、高分辨率的弧形幕给观众呈现出视野更加开阔、更加清晰明亮的画面。通过多台投影的拼接融合、曲面几何校正，结合定向音响，营造出沉浸感和冲击力的视听效果。

3. "火种采集 北京起航"幻影成像

采用舞台美术设计与"幻影成像"技术相结合的手段，再现了在希腊古奥林匹克竞技场举行的北京奥运圣火取火仪式，场面庄严隆重。展墙上的视频影像与幻影成像形成画面的关联与互动，如影随形。同时，利用3D显示手段对采集奥运圣火这一神圣仪式进行全方位再现，使观众充分理解圣火所代表的含义和蕴含的力量。

4. "圣火登珠峰" RFID立柱式望远镜

展项运用富有特色的雪山造型、影像、动态屏幕演绎等方式再现奥运圣火在珠峰点燃这一世人瞩目的重要时刻。观众可以借助两部植入RFID识别芯片的立柱式望远镜，观察到珠峰大本营、山顶概况及登山线路。

5. "志愿者的一天" 全息幻影成像

奥运志愿者是北京奥运会一条靓丽的风景线，为展示奥运志愿者的服务风采，在"城市名片"展项中专门设计了"志愿者的一天"场景区，借助影像展现奥运志愿者一天的工作和生活场景。展项采用全息幻影成像，通过投影的边缘融合、全息膜的反射以及高清视频影像，结合3D音响、特效舞美灯光，配合主体场景模型，显示出一副动态的，更具真实感、纵深感、浸润感的志愿者服务场景。

6. "和字厅" 字模表演 + 弧幕影像

总面积900平方米，以"和为贵"中的"和"字为创意主题的北京奥运博物馆的序厅"和字厅"，其创意取自2008年奥运会开幕式中的"活字模"长卷。该展项通过"字模表演 + 弧幕影像"的新颖方式，使观众在参观之始即得到强烈的震撼。在影像播放系统、音响系统、和字模机电装置系统、中控系统的配合下，988块字模变换成各种奥运图案，如鸟巢、水立方、中国印、奥运五环、体育单项标识等，最后以"和"字收尾。富有节奏和韵律的造型变幻，与弧形投影幕影像、5.1声道立体音响和特效灯光演绎出"世界一家"的主题。"和字厅"的设计在全世界的大型博物馆中具有鲜明的独创性，正可谓中国与奥运携手，古老与现代碰撞，既传播了奥运追求和平的精神，也体现了"科技奥运"的内涵。

7."世纪盛典"剧场

为了充分展示2008年北京奥运会开闭幕式全貌,北京奥运博物馆二层设置了一个特装区,展区采用新颖的180度半环绕式剧场,通过高科技声光电技术的综合应用,重现2008年北京奥运会开闭幕式的场景,让观众重温开幕式当日的辉煌时刻,唤醒人们对奥运的美好记忆。观众置身其中,可以身临其境地重新感受到2008年北京奥运会史诗般的庆典氛围。

8."给未来的信"动态雕塑

在第四展区"两个奥运 同样精彩"结尾处,设置了"给未来的信"特装区,展区内红色的信笺如香山红叶般漫天飞舞,延续了2008年北京残奥会闭幕式的创意。展项一旦感应到观众的到来,红色信笺便自动随音乐飘动起来,将观众引领到精彩的2008年残奥会闭幕式,感受北京及中国对奥运不舍的情怀。展项突破了常规雕塑的展示形式,将静态艺术与机械系统相结合,创造动态雕塑的展示手段,实现更多维的展示效果。

(二)移动互联的智慧博物馆

为适应移动互联网时代的需求,北京奥运博物馆提供移动导览应用,允许观众利用智能终端(智能手机、平板电脑等)通过应用程序实现自主导览、探索式观展"我的博物馆之旅"等全新体验,还可以同时嵌入导览、分享、学习和馆外交流等功能。观众可在感兴趣的展项或展厅标识前通过应用程序扫描二维码获取导览信息,还可以在参观结束后凭个人信息获取参观高清图像光盘。通过应用程序观众可与虚拟博物馆进行互动,达到个性化参观的目的。

北京奥运博物馆既将全国乃至世界人民对2008年北京奥运会的美好记忆保存下来,也同时肩负着见证与记录未来奥林匹克盛会的使命。博物馆的数字展陈以奥运主题为主导,在展示设计上突出传承性、创新性、情节性、公共性和互动性等特点,利用先进的数字技术,将整个展览打造成一幅波澜壮阔的画卷，浓缩了中国人民的百年奥运追求，整个展陈让历史、人文、科技等相互交融。

2008年北京奥运会结束后，国际奥委会用《曾经的奥运城市，永远的奥运城市》来表明北京作为现代奥林匹克运动会举办城市的历史地位和价值。2022年，随着冬奥会的成功举办，北京成为世界上首座"双奥城市"，两个奥运会给世界和体育留下了独一无二的遗产，也形成了独具特色的奥运文化。奥运为古老的中华文化注入了活力和亮点，在诠释和融合的过程中拥有了新的内涵，这远远超过了以往任何一个文化现象，有着深远影响。奥运文化也为中华文化的传播提供了一个新起点和新平台，后奥运时代我们更需要通过一些形式和手段，将奥运文化与中华文化交融并接而生的累累硕果继续传播、发扬、传承。北京奥运博物馆是奥运文化融合、展示与传承最好的场所，它让观众尽情体验奥运激情、回味奥运时刻和传承奥运精神。

第三章

奥运藏品的收集

从2008年的"同一个世界，同一个梦想"到2022年的"一起向未来"，中国积极参与奥林匹克运动，坚持不懈地弘扬奥林匹克精神，是奥林匹克理想坚定的追求者。两届奥运会留下的丰厚物质文化遗产和奥林匹克精神，对北京、中国乃至世界奥林匹克，都产生了积极而意义重大的影响和作用。

作为双奥遗产传承机构，北京奥运博物馆落实北京市委市政府的部署，贯彻以人民为中心的发展思想，传承和利用好双奥遗产，让大众共享奥运成果。博物馆的核心就是博物馆中的藏品，博物馆的使命就是让这些藏品的价值发扬光大。

一、奥运藏品的定位

藏品是博物馆收藏的具有一定历史价值、科学价值和艺术价值，并反映自然界发展变化规律和人类科学文化进程的历史见证物。藏品是人类智慧的结晶，是人类宝贵的精神财富，对人类社会和博物馆事业的发展，有着重要的作用。首先，藏品是建立博物馆必须具备的条件。藏品是博物馆存在的物质前提，任何一个博物馆都必须拥有藏品，没有一定数量和质量藏品的博物馆，就不能很好地发挥博物馆特有的作用。其次，藏品是博物馆开展业务活动的物质基础。博物馆的征集、保管、陈列、科学研究、宣传教育和编辑出版等工作，构成了博物馆业务活动的整体，它们之间既紧密相连又各具特点和作用，而藏品则是把博物馆各项业务工作有机地联系在一起的核心，是博物馆开展各项业务活动必不可少的物质基础。第三，藏品是科学研究的可靠实物资料。藏品是人类社会发展和自然界演变的最可靠的原始实物见证，它能如实地反映事物的真实面貌，为人们提供多方面的历史信息，为科学研究提供重要的第一手材料，还能帮助人们正确认识社会，认识自然。最后，藏品是进行思想教育的生动教材。博物馆的藏品，是一个国家和民族历史发展无可替代的实物见证，可以潜移默化地影响和培养人们的爱国主义感情，成为团结全体人民的重大物质力量。

（一）奥运藏品的分类

北京奥运博物馆是一个通过收藏和保存奥运文物，延续奥运历史、传递体育文化的载体。随着2008年北京夏季奥运会和2022年北京冬季奥运会的成功举办，"奥运文物"成为一项新的文物种类。"奥运文物"作为一个特定文物的概念，涵盖北京奥运会的一些代表建筑及奥运会申办、筹办、举办过程中有意义的体育用具、文献等。这些跟传统意义上的藏品是有区别的。

奥运文物大致有三类：一是北京奥运会的代表建筑，如鸟巢、水立方等，它们的建设体现了节能、环保和自主创新的要求，同时见证了赛场上一些世界纪录的诞生；二是具有收藏和文物价值的奥运各类物品，如奥运申办、筹办和举办过程中的代表物品，破纪录的体育用品，生产出来的第一件成品，关键时期的代表物品，等等；三是奥运文献，主要包括在奥运申办、筹办及举办各个阶段中，与奥运会相关的机构、组织和个人所产生的文献。

根据奥运文物的形式、用途和意义，从近现代文物保护管理的角度出发，结合藏品性质和保管条件，将奥运藏品大致分为九类：服装、文献、勋章/徽章/证件、实用器物、旗帜、书刊传单、音像制品、货币邮票和杂项。从2008年底开始，北京就在制定奥运文物收藏与定级标准，随着北京奥运博物馆的建成开放，也为奥运文物定级这项工作提供了思路。

（二）奥运藏品反映的文化

当代博物馆对藏品的认识，逐渐从"文物、标本"等注重物质实体的一面向"信息载体""文化载体"的一面发展。博物馆中与藏品有关的各项业务工作，逐渐从注重"实物"向注重"文化"过渡。博物馆藏品收集业务以能全面反映和记录异时、异域文化为重点，力求使博物馆藏品能反映特定文化；博物馆藏品研究不再局限于对藏品的客观描述，而注重解释藏品所表现和传达的人文科学内涵；博物馆藏品保存工作不仅关注对藏品外观形态的维护和修复，更注重对藏品体现历史、科技、艺术等信息的遗痕、遗迹、遗留物的保护；博物馆陈列工作力图在陈列中表达更多的内容，如社会文化、艺术流派、历史事件、社会生活、社会变革和风俗习惯等，陈列不仅为观众提供接触、观看、欣赏博物馆藏品的机会，更要使观众增加知识、提高素质、改善生活质量、增强民族自豪感等。

2008年北京夏季奥运会和2022年冬季奥运会的大部分奥运文物进入北京奥运博物馆收藏和陈列。根据北京奥运博物馆的定位可以看出，我们所拥有的奥运文物是因举办两届奥运会而产生的，通过奥运实物、经典图片、丰富视频、原景重现等众多手段，多角度展示奥林匹克的魅力，弘扬奥林匹克精神和文化，结合观众互动，让观众在博物馆留下难忘的"奥运"经历。

北京奥运博物馆作为专题性博物馆，其收藏范围相对专一，对奥运遗产、奥运专题文物的收藏相对更细、更全面，突出一个"全"字。在建馆之初，奥运藏品就已经征集到8万件(套)，主要包括奖牌、奖状、奖杯、服装、运动设施、运动用具、生活用具、医疗用具、工作人员用具、裁判用具、纪念品、书画、饰品、证件、宣传画/册等。

（三）奥运藏品的定级

藏品是博物馆开展各项业务活动的基础，博物馆的陈列、研究、教育等活动都离不开藏品。要管理好奥运藏品，就要有科学、先进的管理手段。因此，在征集奥运藏品时需要工作人员有较高的专业水平和职业素养，运用科学的方法对藏品及相关资料的征集、藏品信息的编目、藏品的保管、藏品的鉴定，以及藏品的展陈等进行管理。

北京奥运博物馆近年来的藏品管理工作重点是藏品定级。为了准确鉴别藏品的历史、艺术和科学价值，加强藏品的保护管理，确保藏品的安全，充分发挥藏品的作用，根据《中华人民共和国文物保护法》有关条款，结合博物馆的实际情况，北京奥运博物馆开展奥运藏品定级工作。经了解，除四川省体育博物馆的藏品已定级外，其他体育类博物馆的藏品均未定级。北京奥运博物馆藏品定级也给其他博物馆藏品提供了可借鉴的依据，对于体育类博物馆征集研究及体育类博物馆发展起到重要作用。前期博物馆拟定了《北京奥运博物馆藏品定级标准》，按照标准选定了106件（套）需要定级的奥运藏品，邀请三位长期从事近现代藏品的管理、研究、利用、鉴定工作的专家，对这些藏品进行鉴定和评估。

最终经过专家鉴定和评估，这次定级的106件（套）藏品，最终确定二级藏品2件（套）、三级藏品7件（套）、一般藏品97件（套）。其中，2008年北京奥运会火炬传递的第一棒祥云火炬（刘翔捐赠），金属材质，品相基本完好，经过专家的鉴定，确定为二级藏品，并报北京市藏品局审批通过。这把火炬是从胡锦涛同志手里接过的，刘翔又曾是田径类比赛的冠军，它标志着我国体育运动走向辉煌。

二、奥运藏品全球征集活动

2008年底，北京奥组委在工作即将结束时，向北京奥运博物馆移交各类奥运相关物品约8万件（套）。此后，首都博物馆将北京奥申委和北京奥组委不同时期暂存在文物库房的大量奥运条幅、纪念品和艺术品陆续移交给北京奥运博物馆。由于奥运藏品涉及面广、数量多、时间跨度大、品类庞杂、内容广泛且具有复杂性，并且奥运博物馆缺少专业人员，在北京文物局各级领导的关怀和指导下，由北京市文物局牵头于2009年7月至2010年调集全局有经验的业务干部两次成立联合征集小组，有序开展奥运藏品的征集工作。结合固定陈列大纲，进一步加大征集力度，征集工作的形式由"被动接收"转为"主动出击"，原10人征集组扩充至5个征集组，向全国相关省份、北京市各委办局以及北京奥运会上的获奖运动员进行定向征集，其中重点征集单位包括北京市档案局、北京市体育局、北京奥运城市发展促进会。

（一）规范征集流程和相关制度

藏品征集是博物馆根据其性质、特点的需要，通过各种途径，有目的地不断补充文物或标本的基本业务工作。近现代文物的征集途径多集中在交换、调拨、社会调查征集、无偿捐赠、购置、复制等。北京奥运博物馆藏品的征集方式以社会调查定向征集、社会各界团体及个人无偿捐赠、馆际交流借用或个人借展、复制等多种形式为主。

北京奥运博物馆的藏品征集工作开展以来，建立了《北京奥运博物馆征集方案》《北京奥运博物馆上展物品基本信息登记表》，规范藏品征集入藏使用流程。对符合上展需求的奥运藏品，征集人员按要求如实填写《北京奥运博物馆上展物品基本信息登记表》并办理入库手续。

（二）全球征集活动扩大奥运遗产影响力

为打造国内领先、国际一流的奥运博物馆，解决奥运珍贵藏品不足的问题，北京奥运博物馆始终在征集利用藏品上下功夫。

图3-1　冯云书记接受捐赠

第三章
奥运藏品的收集

为纪念2008北京奥运会成功举办10周年，扩大北京奥运博物馆在全球范围的影响力，丰富馆藏，更好地传承北京奥运遗产，由北京奥运博物馆主办，北京市文物局、北京奥运城市发展促进会、北京奥林匹克公园管理委员会、国家体育场有限责任公司共同支持，策划实施"2018年全球奥运藏品征集活动"。

本次征集活动以"共享奥运记忆，见证奥运征程"为主题，面向世界各国举办过奥运会的城市，历届奥运会的组织者和参与者，以及关注奥运、融入奥运的民间人士，广泛收集与奥运相关的具有珍藏意义的物品，特别是见证中国百年奥运历程，2008年北京奥运会及残奥会申办、筹办和举办的各类奥运文物、藏品、纪念品、文献材料，记录和见证中国的奥运征程，弘扬奥运精神，传播奥运文化。

"2018年全球奥运藏品征集活动"启动后，引起社会各界广泛关注，参与奥运组织和服务保障工作的政府部门、社会团体及个人，体育界人士，海外华人华侨，以及热爱奥运的民间人士给予大力支持，他们无偿捐出自己的奥运藏品，用对国家的赤诚和对奥运的热爱画出一个奥林匹克"同心圆"，为奥运文物的保护和发展作出重要贡献。

2019年7月31日，历时一年的"2018年全球奥运藏品征集活动"圆满结束。为保证藏品的收藏价值、展示意义，完善藏品的品类，经数名博物馆专家和奥运专家多次筛选和评定，最终确定入藏捐赠品5 229件（套），其中不乏奥运徽章、工作服、比赛护具等有意义的藏品，还有许多颇具收藏价值的奥运书籍、纪念邮品、明信片，展现新中国早期体育历史发展的书籍文献、奖章、服装，以及一些以中国参与、筹办和举办奥运密切相关的藏品。这些奥运藏品极为珍贵，且具有一定的历史价值、文化价值和展示价值。这些藏品不仅丰富了馆藏，更以奥运的参与者和见证者身份，向世界展示中国的奥运精神和奥运激情，讲述中国的奥运故事，传播中国的奥运声音。

北京奥运博物馆分别举办了三次征集成果专家会。专家们认为从海外征集到的奥运藏品较为珍贵。其中，招思虹《金山之路》读者慈善团队捐赠的奥运实物，具有一定的历史年代和系列性特点，有较高的入藏价值，纪念章系列更是具备构成展览的单元要素；林进敏女士捐赠的奥运祥云火炬，是其丈夫美国旧金山前华裔市长李孟贤先生担任2008年北京奥运会北美地区奥运火炬手时使用过的，其故事性强，附着重要的历史信息，是本批收藏品中的重器；德国中华文化促进会刘代铨会长捐赠的历届奥运会海外发行的奥运邮票，种类丰富，特别是1936年德国柏林奥运会的相关藏品，非常珍贵。此次接收的海外捐赠品，涉及内容较为广泛，反映出北京奥运博物馆的征集活动在海外华人中产生的积极影响。

图3-2　招思虹《金山之路》读者慈善团队部分捐赠品

图3-3　德国中华文化促进会刘代铨会长部分捐赠品

　　海外的征集工作收效颇丰，国内的征集工作也是遍地开花。海关总署退休干部李喆生在2008年北京奥运会和残奥会期间，曾先后担任巴拉圭奥运代表团和古巴残奥代表团的联络员。由于工作环境多停留在奥运村、残奥村，在日常工作之余，李老注意收集奥运村里各参赛国的奥运宣传材料、奥运村里发行的报纸刊物，以及为残障人士特别出版的盲文报纸。在"2018年全球奥运藏品征集活动"中，李喆生将这些宣传品、报纸，以及自己担任联络员期间学习和工作使用的培训材料、文件等文献资料，全部无偿捐赠给北京奥运博物馆。

　　北京八一中学的高中学生白雪，受2007年的寒假作业启发，做了一次"民间外交大使"。她借北京奥运会契机，倡导环保理念。她花费2 000块钱制作卡片和中国特色小礼物，共向80多个国家寄出120封环保倡议信，收到了20个国家元首或大使馆的回复，还得到了不少国家领导人的签名照。这些向世界各国元首发出的环保倡议信，宣传了北京的"绿色奥运"，并通过各国领导人的影响，呼吁世界关注环保事业。在"2018年全球奥运藏品征集活动"中，白雪将这批珍贵的回信捐赠给北京奥运博物馆。专家们认为，白雪与各国元首的通信，自成体系，是一批重要的收藏品。这批藏品充分体现了中国青少年的风貌，展现了北京奥运会在宣传、教育等工作方面的深入和特色，从一个侧面反映了北京奥运会的"绿色奥运"理念赢得支持，深入人心。

图3-4 白雪部分捐赠品

北京奥运会志愿者常志复，是北京奥运博物馆藏品征集工作的"铁杆儿粉丝"。"2018年全球奥运藏品征集活动"启动之初，常志复就捐赠了她的奥运会志愿者证书等个人物品，后来博物馆又收到了她珍藏的志愿者"微笑圈"典藏版，里面包括微笑圈的测试版、正式版、少年版、国际版、车友版、啦啦队版、观众版、盲文版、荣誉版等15个版本。常志复说："我从1956年开始，就利用业余时间在电影院义务为观众找座位，退休返京后，加入30多个志愿团队公益组织，参加近80个志愿服务和公益项目，到数个院校机关分享志愿服务，为灾区、困难地区捐衣物、书籍、用品各数百件，我的一生都将奉献给公益事业。"

在一年的征集过程中，北京奥运博物馆工作人员陆续走访了一批我国老一辈体育工作者。国家体操队第一任队长陆恩淳将个人珍藏的1984年洛杉矶奥运会和1988年汉城奥运会的相关裁判工作照片、签名明信片，20世纪80年代、90年代国际和国内多项体操赛事的纪念服等捐赠给北京奥运博物馆。这批体育实物、资料具有十分重要的历史价值，展现了新中国早期体育的发展历程，弥补了北京奥运博物馆实物藏品方面的空白，丰富了北京奥运文化活动方面的藏品。

此外，此次征集符合入藏标准的还有中央电视台原体育中心岑传理副主任无偿捐赠的奥运书籍《聚焦奥运电视》，著名体育教育家杨绍虞教授之女杨文晏女士无偿捐赠的《中国青年体操队赴苏学习笔记》《中华人民共和国第一届运动会图册》和《中华人民共和国第一届运动会竞赛规程》等杨教授在20世纪五六十年代学习、工作使用的体育类图书文献近30件（套），中国奥委会第三批无偿捐赠的中国体育代表团参加2018年部分国际赛事的领奖服、装备等。专家们认为，这些捐赠品在中国体育历史进程中起着重要的见证作用。对博物馆研究奥运历史、奥运文化以及中国体育史有着重要价值，东四奥林匹克社区工作者李女士、市民赵先生分别捐赠的奥运会期间工作的证件、证书，福娃主题电话卡等奥运物品，体现了北京奥运会广泛的群众基础。

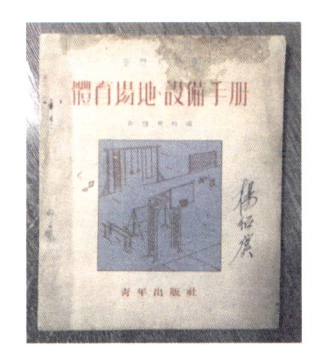

图3-5　杨文晏女士无偿捐赠的部分物品

北京奥运博物馆将深入地、科学地整理入藏藏品，妥善保管，收集、补充藏品的原始信息，广泛开展社会征集和定向征集活动，力求组成系列，完善藏品体系。立足藏品，配合固定陈列改陈，进行专题巡展，充分发挥各藏品的历史价值、文化价值、艺术价值和展示价值。以习近平总书记新时代中国特色社会主义思想为指引，充分发扬奥运精神和中华体育精神，继续做好奥运遗产的保护和传承，做好奥运文化的宣传和教育工作，坚定文化自信，推动社会主义文化繁荣兴盛。

（三）助力冬奥，全球征集活动再出发

2021年5月，北京奥运博物馆转隶至北京奥运城市发展促进中心。北京奥运城市发展促进中心按照市委、市政府部署和要求，启动了对北京奥运博物馆的改造升级，努力打造彰显"双奥"之城特质、奥运特色鲜明、功能配套完备的高水平博物馆。

2021年11月28日，以"共享奥运记忆，见证'双奥'荣光"为主题的奥运藏品全球征集活动在北京奥运博物馆启动。该活动由北京奥运城市发展促进会、北京奥运博物馆主办，得到了国际奥委会和北京冬奥组委、中国国际电视台（CGTN）、中国奥委会新闻宣传部、中国残联宣传文化部、北京市人民政府侨务办公室、北京市文物局、北京市体育局、北京广播电视台、北京奥林匹克公园管理委员会、国家体育场有限责任公司的大力支持。

图3-6　北京奥运城市发展促进会副会长蒋效愚在仪式上致辞

北京奥运城市发展促进会副会长蒋效愚在启动仪式上致辞，并代表主办方对给予本次活动大力支持的国际奥委会，中国各有关机构、有关方面和个人表示诚挚谢意。他指出，北京即将举办2022年冬奥会，成为世界上第一个"双奥之城"。开展面向全球的奥运藏品征集活动，

既是迎接和助力北京冬奥会的重要举措，也是推动奥运博物馆改造升级、为更好地传承北京"双奥"遗产夯实基础的实际行动。希望海内外关心和支持奥林匹克运动和体育事业发展的组织和个人慷慨捐赠，帮助北京奥运博物馆丰富馆藏、提升品质，让广大人民群众共享北京"双奥"成果。

启动仪式现场，联合国首授环保艺术大师、著名艺术家袁熙坤捐赠了水墨肖像作品《罗格主席画像》，国家民族画院副院长、北京市文史研究馆馆员郑山麓捐赠了国画作品《双奥北京盛景图》，国家一级美术师、2008年北京奥运会"奥运盛鼎"设计师孙红捐赠了雕塑作品《冬奥之尊》，中国工艺美术大师、国家级非遗项目（苏绣）代表性传承人姚建萍捐赠了奥运国礼《仕女蹴鞠图》，中国体育集邮与收藏协会常务副主席侯琨捐赠了《1980年普莱西德湖冬奥会官方总结报告》。

此次征集范围主要是与奥运相关的具有珍藏意义的物品，重点是在2008年北京奥运会和2022年冬奥会申办、筹办和举办过程中产生的具有重要纪念意义的奥运见证物，参与过历届奥运会、残奥会的运动员、教练员的比赛服装、比赛装备或个人纪念品，以及其他具有重要历史价值、科学价值、艺术价值的奥运见证物等。根据《北京奥运博物馆征集管理办法》，收到捐赠人申报捐赠物的相关资料后，将阶段性组织专家进行评审筛选。经鉴选确定收藏的奥运物品，北京奥运博物馆将与捐赠人签署捐赠协议，办理相关手续，并为其颁发证书，同时公布征集公告。

征集工作恰逢冬奥会赛事阶段，北京奥运博物馆的工作人员主动出击收获了冬奥名将谷爱凌、苏翊鸣等运动员的比赛服装。

天才少女谷爱凌早已经被国人熟知，在2022年北京冬奥会期间，她代表中国出战三个项目，获得了两金一银的骄人战绩。赛后，经多方努力，笔者和馆领导积极联系谷爱凌母亲，并说明捐赠事宜。谷爱凌将自己亲自设计的一套红色后带白龙标志并带有其亲笔签名的训练服捐赠给博物馆。此藏品不仅能让观众重温谷爱凌夺冠时的激动，同时也体现了谷爱凌的爱国情怀。

苏翊鸣在北京冬奥会取得一金一银的好成绩。同样在赛后，经多方努力，笔者与馆领导联系到了苏翊鸣的中国教练李教练，经过笔者不断的沟通联系，苏翊鸣将冬奥会上一路过关斩将的黑色比赛服（黑金祥云）捐赠给博物馆。这件藏品见证了苏翊鸣走向最高领奖台，成为中国首个单板滑雪冬奥冠军的历程。

在2022年北京冬奥会期间，北京奥运博物馆设置在北京城区、延庆、张家口三个冬奥村（冬残奥村）的奥运藏品自助捐赠柜，受到了驻村运动员、教练员等各界人士的欢迎。不少人通过这些捐赠柜，踊跃向北京奥运博物馆捐赠冬奥藏品。

三、奥运藏品背后的故事

文物的物质形态终究是要消失的。对于文物，最好的保护方式就是将它所蕴含的价值融入当前社会的文明价值中，成为现代文明的一部分，并传承下去，保护只是手段，利用才是目的。文物保护工作的终极目标是：延长文物的寿命，并借助博物馆这一平台传播知识，让公众熟悉和喜欢奥运文化。在理解了博物馆工作的终极目标后，北京奥运博物馆在全球奥运藏品征集活动告一段落后，对征集到的奥运藏品进行妥善的保管和利用，并甄选藏品，策划不同主题的展览，为观众讲述奥运藏品背后的故事。

（一）小小搪瓷杯，折射出党以人民为中心的初心

在北京奥运博物馆的众多藏品中，有一个充满了年代感的搪瓷杯，杯身印有"发展体育运动，增强人民体质""毛主席题词廿五周年纪念 包头市体委赠1977.6.10"的字样。2011年，北京奥运博物馆从捐赠人侯磊处征集到这件搪瓷杯。经过岁月的蚀刻，杯子已略显斑驳，但杯身上的题词仍旧色彩鲜明。杯身上的题词，折射出中国共产党始终为

了人民的初衷，体现了新中国体育为人民服务的根本目的。

图3-7　纪念毛泽东主席题词发表25周年搪瓷杯

鸦片战争后，中国逐渐沦为半殖民地半封建社会，帝国主义列强从政治、经济等各方面对中国进行侵略，在体育上歧视和排斥中国。当时"重文轻武"的社会风气非常严重。1917年4月1日，青年毛泽东在《新青年》第三卷第二号上发表《体育之研究》一文，对"国力荼弱，武风不振，民族之体质日趋轻细"的状况深感忧虑。在探索救国救民的道路中，毛泽东同志看到了增强人民体质和发展体育对于拯救民族于危亡的重要作用。

在旧中国，体育事业不被重视，体育设施不足，国民体质羸弱，人均寿命只有35岁。国民身体素质普遍不高带来的结果是竞技体育落于人后，运动员的运动水平整体低下。1948年，第14届奥运会在英国伦敦举行，我国派出33名运动员参加了篮球、足球、田径、游泳和自行车5个项目的比赛，没有一名运动员进入决赛。

新中国成立后，在中国共产党的领导下，中国体育的性质和地位发生了质的变化。1949年10月，中华人民共和国中央人民政府刚刚成立，就召开了"全国体育工作者代表大会"，提出了建设"民族的、科学的、大众的"新体育的号召。

1952年6月10日，中华人民共和国全国群众性的体育组织、党和政府联系体育工作者的纽带——中华全国体育总会成立。在成立大会上，毛泽东同志为该会题词"发展体育运动，增强人民体质"，这便是小小搪瓷杯上12字题词的由来。

毛泽东同志的题词，把着眼点放在增强人民大众的体质上，使中国的体育事业揭开了新的一页，为新中国体育事业指明了前进方向。中华人民共和国成立以来，党中央、国务院高度重视群众体育发展，从毛泽东同志"发展体育运动，增强人民体质"到邓小平同志"借助体育运动实现人民体质提升是广泛性群众问题"，再到习近平总书记"把满足人民健身需求、促进人的全面发展作为体育工作的出发点和落脚点"，无不体现着以人民为中心的群众体育发展思路。

新中国成立之前，我国人均预期寿命只有35岁，而如今我国人均预期寿命达到78.2岁，翻了一倍多。我国主要健康指标居中高收入国家前列，人民健康水平日益提高。在此基础上，体育健儿竞技水平迅猛提升，世界大赛捷报频传。从1984年洛杉矶奥运会实现奥运金牌"零"的突破，到2000年悉尼奥运会首次进入奥运金牌榜第一集团，再到2008年北京奥运会首次位列金牌榜首，仅用了24年的时间，竞技体育实现了跨越式发展，创造了世界竞技体育史上的奇迹。中国体育已然彻底扭转积贫积弱的局面，以崭新的姿态屹立于世界之林。

新中国体育事业从初创、发展到成熟，始终坚持以"发展体育运动，增强人民体质"的体育思想为指导。在党的领导下，贯彻人民至上的体育发展理念，坚持中国特色体育发展道路，为中国体育发展积累了宝贵经验，对新时代建设体育强国具有重大现实意义。

（二）奇妙情缘

北京奥运博物馆里陈列着两件有着"奇妙情缘"的藏品，它们分别是冰球纪录片《回到原地》的导演张溪泉和"北京1979"冰球队向博物馆捐赠的。一件藏品的捐赠人是导演，而另一件藏品的捐赠人是一支冰球队，他们因为一部冰球题材的体育影视作品结缘。两件捐赠品之

第三章 奥运藏品的收集

间也有着"奇妙"的联系，它们都反映了北京不同时期的体育历史和体育文化。张溪泉导演捐赠的是第十一届北京亚运会的纪念盘，这件纪念盘再次勾起我们对"熊猫盼盼"的回忆。1990年，北京初次尝试举办国际体育大赛——第十一届亚运会，便一举取得成功，北京在世界范围内第一次赢得喝彩。"北京1979"冰球队是由一批年过五旬的冰球老队员组成的，在20世纪70年代，这些队员曾代表北京什刹海体校少年冰球队叱咤全国各大冰球赛事。队伍在1979年解散后，队员们各奔东西，而当北京申冬奥成功后，队员们跃跃欲试，36年后再次相聚，怀揣年少时的梦想成立"北京1979"冰球队，驰骋在冰球场上。冰球队的队长梅春晖与队员在球衣上共同签名，并作为代表将这件"炽热的冰球服"交与北京奥运博物馆。这件球衣让我们从这份横跨40多年的冰球情缘，感受到中国老一代冰球人的无限热血和激情。无论张溪泉导演还是"北京1979"冰球队全体队员，他们在用实际行动，感染、带动更多人对冰雪运动产生热情，助力北京冬奥。

图3-8 张溪泉导演捐赠的
第十一届亚运会纪念盘

图3-9 "北京1979"冰球队
捐赠的球员签名球衣

81

（三）凝结"同一个世界，同一个梦想"的奥运足球

还记得2008年8月24日晚上的北京奥运会闭幕式吗？在2012年奥运会主办城市伦敦奥组委带来的8分钟精彩表演环节中，伴随着富有浓郁英国文化特色的歌舞，足球巨星贝克汉姆乘坐伦敦标志性的红色双层巴士进入"鸟巢"，把演出推向了高潮。随后，他将一只足球踢向场内，向全世界发出了"来自伦敦的、热情的"邀请。奥运会仪式标兵队队员、大连舰艇学院学员杨宗汝幸运地接到这一特别的邀请，并在全球亿万观众面前与贝克汉姆"秀球"。

图3-10　贝克汉姆将足球踢向场内

杨宗汝说："听到大家在欢呼，一转身见足球飞过来了，脑子里闪现出的第一个念头就是要接住它，当时，球距离我不到1米远。"随后，有不少人主动找到他，纷纷要求在足球上签名，他们中有运动员、教练员、志愿者，有黄种人、白种人、黑种人……大家纷纷抱着足球合影留念，爱不释手。这让杨宗汝很感动，他说："那时候，我对'同一

个世界,同一个梦想'这句话有了更深刻的理解、更直观的感受。""能与自己崇拜的足球巨星,在奥运会闭幕式这样的全球盛典上以如此特别的方式结缘,做梦都没有想到。""我现在既是北京奥运会的亲历者、见证者,也是参与者,看来我跟奥运还真有缘分。"

对于这个足球的归宿,杨宗汝有自己的想法。他说:"如果我是一名地方大学生,我可能会把这个足球收藏起来做个永久纪念。但现在,我更愿意把它献给我们的院史馆,让它作为我们大连舰院、我们1 030名海军学员支援奥运、参与奥运、享受奥运带给我们快乐的一个历史见证。"

得知这一线索后,北京奥运博物馆征集部的工作人员通过多方辗转,与大连舰艇学院取得了联系并进行了数次沟通。大连舰艇学院请示上级后,最终将此球无偿赠予北京奥运博物馆,目前陈列在博物馆第三部分开闭幕式展区。10余年后的今天,我们依然可以从这只珍贵的足球上,清晰地看到来自2012年奥运会举办地伦敦的诚挚"邀请"——"英国2012"。

图3-11 杨宗汝捐赠足球

大连舰艇学院希望借助北京奥运博物馆的展览陈列，让更多观众不仅能直观地感受和了解北京奥运会，还能加深对奥运历史和奥运文化的理解认识，更好地将奥运精神传承下去。同时，博物馆可以对藏品进行专业的收藏和保管，这对于藏品的保护和传承有着十分重要的作用。

（四）奥运藏品社会再利用

在"2018全球奥运藏品征集活动"中，出现了一位特殊的老先生。这位老先生叫李世铭，他是我国优秀的体操运动员，曾任八一体操队教练，为我国培养出多名世界冠军。同时，他还是我国著名体育文史专家，在从事体操教育与研究事业期间，持续细心搜集与我国体操和奥运事业发展相关的报刊，并将其精心做成剪报，妥善保存。李世铭老师向北京奥运博物馆无偿捐赠了50余套近百件剪报、文稿等个人物品，资料时间横跨近40余年，丰富了博物馆的体育史料馆藏。2018年9月下旬，北京奥运博物馆接到八一体操队申请借阅"李世铭捐赠文献资料"的函，得知对方希望通过查看相关体操史料，编写《中国军事体育史（大事记）》，馆内领导对此事高度重视，指示要全力做好配合工作。

征集部根据馆内批示，依照八一体操队申请查阅清单，严格按照博物馆馆藏文物借用和出入库流程，会同展陈部、保管部、安保部等相关部门，办理好相关文献资料的提取手续，并陪同协助八一体操队政治协理员、副书记李志博同志查阅相关资料。经过4个多小时的查阅后，李志博同志对北京奥运博物馆在征集、保管、展示体育文物中作出的贡献表达了赞许与感谢。

此次借阅涉及的文献资料有"第二十三届洛杉矶奥林匹克运动会体操资料剪辑""李世铭手写队史资料"等已展出文献资料，也有"第十届亚运会体操资料剪辑"、《北京地方志》等在库文献资料。

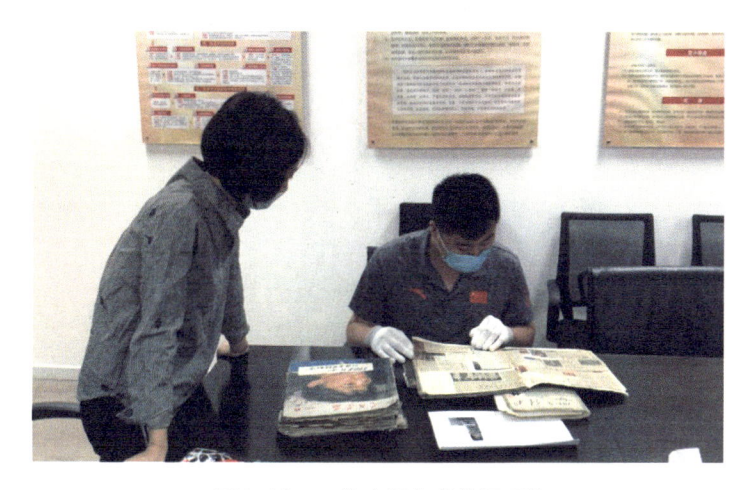

图3-12　工作人员办理借阅手续

（五）传承红色基因的奥运旗袍

"1956年墨尔本奥运会中国代表团枣红色宴会旗袍"是北京奥运博物馆的珍贵藏品，现陈列在"百年奥运　中华圆梦"展区。这套旗袍由一件枣红色旗袍（裙长123 cm，袖长61 cm）和一件米白色衬裙（长114 cm）组成，外观为立领、长袖，在旗袍、衬裙的底部均有稍许开叉，是一套改良后的中式旗袍。旗袍是细绒质地，但与当今的丝绒材质稍有不同，远观平滑柔顺，走到近处仔细观察，可看到细小的纹路。衬裙为真丝面料，肩部为吊带的设计形式，底部四周有蕾丝装饰。旗袍领口由两处挂钩连接，右胸前襟和袖口均为子母扣暗扣。服装的主人是新中国首批"运动健将"称号获得者、中国女子体操队第一代队员孙孝贞，曾任国家女子体操队教练，体操项目国际裁判，国家体育总局原体操处副处长，正处级调研员。

图3-13 1956年墨尔本奥运会中国代表团枣红色宴会旗袍

2018年北京奥运会成功举办10周年之际，在德高望重的体操界元老陆恩淳的引荐下，孙孝贞听说北京奥运博物馆正在举办全球奥运藏品征集活动，立刻与博物馆联系可以无偿捐赠她个人收藏的1956年墨尔本奥运会中国代表团枣红色宴会旗袍。当博物馆工作人员见到奥运旗袍时，发现它被保存得非常完好，几乎没有损坏。在与孙教练交谈中得知，她非常喜爱这套旗袍，每次出席外事活动时一定穿着它。她认为北京奥运博物馆是这套服装最合适的展示和保存空间，一定能发挥更大的作用。

1952年，经中央政府同意，周恩来总理批示，新中国首次派出体育代表团赴芬兰首都赫尔辛基参加第15届奥运会。在赫尔辛基的奥运村举行了中国代表团的升国旗仪式，五星红旗终于飘扬在奥运会场。这一届奥运会是新中国迈出振兴体育的第一步。1953年11月，新中国成立国家体操集训队。1954年，国家招收第一批体操运动员，16岁的孙孝贞成为中南地区唯一被挑中的女运动员。1955年6月，孙孝贞等8男8女共16名青少年运动员随教练赴苏联学习体操技术，此时她不仅学习体操所有项目的技术要求，还了解了世界体操运动的状况，立下为国争光的远大理想。1956年10月，孙孝贞参加第16届夏奥会中国体操选拔赛，同时被评为新中国第一批运动健将，准备参加奥运会。

当时中国正处在物资匮乏的阶段，但党中央还是为中国代表团准备了参加外事活动的服装，女性成员的服装即为枣红色旗袍，用于出席宴会。遗憾的是，由于种种原因，孙孝贞无缘参加第16届墨尔本奥运会。此后，因为持续的高强度训练及严重的腰伤，孙孝贞未能以运动员身份参与奥运赛事，退役后担任了国家女子体操队教练和国际裁判。

这套奥运旗袍是我国在奥林匹克运动发展史上的重要历史物证，充分反映了党中央对参与奥运会的重视程度。在历经新中国建设、改革开放、成功举办北京奥运会和北京成为"双奥之城"的数十年的时间里，这套奥运旗袍仍然保存完好，足显其珍贵，具有重要的收藏、展示和红色教育意义。通过这套奥运旗袍，可以进一步振奋民族精神，传承红色基因，弘扬孙孝贞等老一辈优秀运动员为国争光的爱国精神、不言放弃的拼搏精神和艰苦奋斗的奉献精神。

体育强是中国强的一部分。竞技体育是国家综合国力的重要体现，群众体育关乎人民健康体质和健康中国的建设。"从15岁到60岁，45年来我就做了一件事，就是服务奥运金牌，为国争光。"孙孝贞在国家体育总局工作30多年，负责组织比赛、培训、讲课等行政管理工作，为新中国体操事业的繁荣发展奠定了坚实基础。在孙孝贞心里，始终认为是国家的培养，才有自己的事业成就，即使退休也要用心回报社会。为响应党中央国务院"全民健身计划"的号召，孙孝贞结合体操专业特长和自己掌握的保健知识，独创了系列简易"快乐功能操"，免费帮助社区的老年人，开展公益健身活动。

（六）一枚象征和平、友谊的奥运纪念章

1984年，萨拉热窝击败了瑞典的法伦、哥德堡和日本的札幌，获得第14届冬奥会的举办权。萨拉热窝，一座在两次世界大战中都饱受战火洗礼的城市，一座英雄的城市，当冬奥会来到这里，奥林匹克运动维护世界和平的宗旨得到进一步彰显。

萨拉热窝建于1263年，城市周围山峦起伏，积雪长达半年，有时虽是5月时令，山上仍有雪花飞飘。20世纪七八十年代，萨拉热窝以多次举办世界性比赛（如第32届世界乒乓球锦标赛）闻名于世界体坛。1978年，被选为第14届冬奥会举办城市后，萨拉热窝便着手开展各方面的准备工作，新建了奥林匹克村，整修和扩建了科舍沃体育场及相邻的泽特拉体育馆，以及其他比赛场地。

萨拉热窝冬奥会是中国运动员参加的第二届冬奥会，中国派出37名运动员参加了速度滑冰、花样滑冰、越野滑雪、高山滑雪、现代冬季两项5个项目的比赛。萨拉热窝冬奥会于当地时间1984年2月8日下午2点半在科舍沃体育场开幕，在冒雪参加开幕式的全场5万多名观众的掌声中，来自49个国家和地区的1 500多名运动员进场。当中国体育代表团高举五星红旗，迈着整齐的步伐进入体育场时，受到全场观众的热烈欢迎，由14人组成的中国台北代表队在奥委会会旗引导下也进入了会场，这是海峡两岸炎黄子孙首次同时参加奥运会。

东道主出色的筹备工作和比赛期间严谨的安排、热情的接待受到各国参赛代表团的广泛好评。萨拉热窝也通过冬奥会向全世界展示了自己浴火重生后的美丽。时任国际奥委会主席萨马兰奇就南斯拉夫对本届冬奥会所做的工作给予了高度的评价，认为本届冬奥会是"冬季奥运会60年历史上开得最好、最精彩的一届"，并代表国际奥委会授予本届组委会主席希兰科·米库利奇一枚奥林匹克金质勋章。

第三章 奥运藏品的收集

图3-14　1984年萨拉热窝冬奥会

同年，第23届夏季奥林匹克运动会在洛杉矶举行。萨拉热窝冬奥组委与洛杉矶夏奥组委联合发行了象征和平友谊的奥运纪念章，这在奥运史上是第一次。这枚纪念章，一面是由奥运圣火、奥运五环以及和平鸽组成的图案，另一面是萨拉热窝冬奥会和洛杉矶夏奥会的会徽图案组成的一个图形。如今这枚纪念章静静陈列在北京奥运博物馆展厅里，讲述着爱与和平的故事。这件展品的捐赠者是招思虹《金山之路》读者慈善团队。团队创始人是美籍华人收藏家招思虹，她带领团队在世界各地广泛收集各类藏品，为的是让更多有价值的奥运藏品回到祖国。

图3-15　象征和平友谊的双奥纪念章

89

1984年洛杉矶奥运会，中国代表团再次重返奥运赛场，27岁的许海峰以566环的成绩获得男子手枪60发慢射冠军，成为本届奥运会第一枚金牌获得者，也是新中国第一位奥运会金牌获得者，由此开启了中国奥运史上的新篇章。

图3-16　1984年洛杉矶夏奥会，许海峰实现中国奥运金牌零的突破

（七）助力一个人的奥运会

有"中国奥运之父"之称的王正廷是近代中国体育事业的倡导者，他多次在公开场合阐释体育强国的思想，呼吁民众参加体育运动，提高身体素质，团结起来保家卫国。1920年，王正廷参与发起的远东运动会被国际奥委会正式承认为区域性国际体育赛事。1922年，经时任国际奥委会主席顾拜旦提名，王正廷当选国际奥委会委员，中国和国际奥委会开始有了正式联系。1931年，由王正廷等人创办的中华全国体育协进会被国际奥委会承认为当时中国的国家奥委会。

1932年第10届洛杉矶奥运会举办前夕，国民党政府决定不派运动员参加此次奥运会。这时，日本在东北扶持起来的伪满洲国，宣称将派刘长春和于希渭二人赴美参赛，企图以此为伪满政权骗取国际承认的资本。此前毫不知情的刘长春得知此事后，在报刊上发表声明，表示决不"为傀儡伪国作马牛"。中华全国体育协进会电请王正廷和张伯苓，拟派刘长春赴美参赛，得到准许后为其紧急办理报名和出国手续。虽然此时已过报名截止期，但国际奥委会还是给予了通融，准许刘长春代表中国参赛。7月8日上午刘长春临行前，王正廷为其授旗并勉励："我国此次派君参加世界运动会（奥运会）……实含有无穷之意义……愿君用其奋斗精神，发扬于洛杉矶市之欧（奥）林匹克运动场中。"最终，日本侵略者阴谋被挫败，刘长春作为中国派出的唯一一名运动员成功赴美参加了本届奥运会，成为中国参加奥运会第一人。尽管没能获得奖牌，但是他向世界传递了中华民族不甘落后、不甘屈辱的坚强意志，告诉世界：奥运会，中国来了！

2019年9月24日，招思虹女士第三次来到北京奥运博物馆，代表《金山之路》读者慈善团队和旧金山涵芬楼外楼同仁，无偿捐赠给博物馆一份与"中国奥运之父"王正廷有关的珍贵奥运文献——国际奥委会1932年第10届夏季奥运会官方纪念册。在纪念册内页，王正廷（C.T.Wang）名列"国际奥委会委员"名单中，图文并茂的纪念册里还介绍了旧金山唐人街，著名的盘龙街灯也在镜头之内。

图3-17　刊载王正廷名字的国际奥委会1932年第10届夏季奥运会官方纪念册

在中华民族的奥运征程史上，有单刀赴会的中国奥运第一人刘长春，也有为近代中国体育国际化作出贡献的"中国奥运之父"王正廷，还有为祖国努力收集珍贵文物的海外侨胞，正是无数像他们一样心系民族、热爱祖国的中华儿女，共同构筑起坚不可摧的民族长城，谱写出中国体育由弱到强的壮美篇章。

（八）"破冰"建功，为冬奥续航

党的十八大以来，特别是"十三五"时期，以习近平同志为核心的党中央全面推进群众体育、竞技体育、体育产业、体育文化等各方面发展，深入实施全民健身国家战略，提升体育公共服务水平，大力发展冰雪运动，体育事业取得长足发展。体育强则国家强，国家强则体育强。习近平总书记多次对加快体育强国建设提出明确要求，把体育健身同人民健康结合起来，把弘扬中华体育精神同坚定文化自信结合起来，坚持举国体制和市场机制相结合，牢记初心使命，持之以恒推进，才能不断向体育强国目标迈进。北京冬奥会筹办期间，全面推进冰雪运动，推动全民健身广泛开展，落实"北冰南展　西扩东进"等冰雪运动发展战略，对建设体育强国发挥了重大作用。

随着2015年北京冬奥会申办成功，北京奥运博物馆特别加大对冰雪运动和冬奥文化相关奥运藏品的征集力度，以冬奥藏品为载体，宣传冬奥文化，普及冬奥知识。

冰球运动又称"冰上曲棍球"，它结合多变的滑冰技艺和敏捷娴熟的曲棍球技艺，是历届冬奥会中较为精彩、激烈的竞赛项目。北京奥运博物馆希望通过更多有代表性、故事性的冰球运动藏品，让观众了解冰球运动的历史与文化，推动冰球运动在中国的普及与发展。

2018年，北京奥运博物馆结缘"北京1979"冰球队，征集其队员签名队服；2020年，博物馆再接再厉，征集到"北京1979"冰球队训练、比赛的护具装备以及20世纪八九十年代国内外生产的冰球杆。与"北京1979"冰球队队长梅春晖交谈中我们得知，早期国内冰球运动的护具装备是极其短缺的，品质也参差不齐，冰球运动爱好者只能根据经济实力选择护具，专业队员使用的大多是欧美冰球运动强国生产的护具装备。现在国内制造冰球护具的杭州破冰者（IBX）是处于国际领先技术的民族企业，近年来坚持只做冰球护具用品一类产品，产品的设计、材质、坚固性、轻量等方面已经达到国外同类产品水平，甚至一些国外专业冰球运动员都在使用IBX护具。北京奥运博物馆积极与杭州破冰者体育发展有限公司接洽征集事宜，接收了其无偿捐赠的自身生产制造的具有中国文化特色的冰球头盔、球杆、球包等全套冰球装备，以及2018年中俄青少年冰球友谊赛上中国青少年冰球队用过的冰球手套，手套上有为俄罗斯总统普京赠送球衣的中国小队员胡文瀚及其他主力队员的签名留念。为2018年中俄青少年冰球友谊赛中国青少年冰球队提供装备的正是杭州破冰者（IBX）。

图3-18　部分冰球护具捐赠品图片

2018年6月8日，首届中俄青少年冰球友谊赛在天津举办，中俄两国元首亲临现场观看比赛。习近平主席和普京总统同两国小球员合影、亲切交谈，勉励他们团结拼搏，以球会友，赛出友谊，赛出水平，共同提高，通过学习交流成为好朋友、好伙伴，做中俄友好合作事业的接班人。这场比赛使胡文瀚等一批中国青少年立下"长大后要参加北京冬奥会、为国效力，力争让中国成为冰球强国"的雄心壮志。

据杭州破冰者（IBX）介绍，他们首次尝试结合中国元素制造冰球护具。在护具外观设计中，融入了杭州著名景点、建筑元素，包括西湖断桥、长桥、复兴大桥的元素组合，形成了中国龙系列的图腾设计。手套和球杆外观的设计，融合了中国高铁形象元素，体现了冰球运动快速的特点以及中国的高速发展。手套、球包采用独一无二的"中国红"配色，球杆在配色中首次借鉴青花瓷、鸡缸杯等瓷器的配色特点，推出白底加蓝、橙的图腾设计，彰显中国新时代青少年蓬勃向上、努力拼搏的运动气息。胡文瀚等中国青少年冰球队员参加2018年中俄青少年冰球友谊赛的签名手套，见证了中俄冰球外交的重要历史时刻，象征着中俄两国友谊世代相传。同时，它也激励着一批中国冰球小球员为中国冰球运动的蓬勃发展而勇敢拼搏。这一系列冰球护具较为完整、成系列，具有代表性，极大地充实了北京奥运博物馆在冬季运动项目的奥运藏品。它们不单是以一款体育运动产品陈列于世人，更是向世界介绍了中国，弘扬了中国优秀传统文化。这一系列藏品对推动中国冰雪运动发展，增强社会大众的文化自信、民族自豪感和爱国热情，具有一定的意义。

北京奥运博物馆将继续努力做好奥运见证物的保护和传承工作，促进北京的文化繁荣发展。与杭州破冰者（IBX）一样，还有许多具有强烈社会责任感的机构团体和个人，曾经给予北京奥运博物馆工作支持，感谢他们对博物馆公益事业的热心帮助。"博物馆是保护和传承人类文明的重要殿堂，是连接过去、现在、未来的桥梁，在促进世界文明交流互鉴方面具有特殊作用。""让藏品活起来"正是北京奥运博物馆不断努力的方向，博物馆将充分发挥自身的宣传教育功能，征集、保管、研究、展示奥林匹克运动的文化遗产。一个博物馆的藏品建设，离不

第三章　奥运藏品的收集

开社会各界热心人士的无私捐赠和倾情奉献,未来希望更多热爱奥运、参与过奥运的组织和个人向北京奥运博物馆捐赠藏品,延续"双奥之城"北京的奥运辉煌,共同寻找属于彼此的奥运记忆。

第四章

体育精神的传播

奥运会不仅是全球运动员展示自身成就的最大平台，也是促进世界和平、社会进步、人类团结友爱和提倡公平、公正的一项国际社会文化运动。奥林匹克精神奉守和平友谊的宗旨，团结鼓舞大众参与体育实践，以"更高、更快、更强——更团结"的进取精神和公开公正的规则，激励世界各国人民特别是青年建立一个更加和平而美好的世界。

一、奥运会的由来

（一）以和平友好为目的的古代奥运会

古希腊是奥林匹克运动的发祥地，古老的奥林匹克运动被希腊神话和千变万化的民间传说所掩盖。有关奥运会的历史有许多说法，其中最主要的有两种：一种是指人们经常进行体育运动，用以向宙斯致敬，也就是古代奥林匹克运动会；另一种说法来自佩洛普斯娶亲。古代希腊的伊利斯国王为了给自己的女儿挑选一位文武双全的夫婿，他提议候选人与自己进行战车比赛。在这场比赛中，13个年轻人在国王的长枪下死去。宙斯的孙子佩洛普斯是公主的心上人，在爱的鼓励下，他作为第十四个年轻人勇敢地接受了国王的挑战，最终以智取胜。为了庆祝这一伟大的成就，佩洛普斯和她的王妃在奥林匹亚的神殿前举办了一场隆重的仪式，这就是古代奥林匹克运动会的由来。

事实上，古希腊奥林匹克运动的产生与当时的社会状况有着紧密的关系。希腊氏族在公元前八九世纪分崩离析，随后出现了一个由城市和奴隶组成的城邦。由于各大都市都是独立的，没有一个统一的君王，因此，城市中到处都是战火。人们对连绵不绝的战争深恶痛绝，他们希望得到安宁的生活。最后，斯巴达国王与伊利斯国王签署了《神圣休战条约》。《神圣休战条约》规定在举行奥林匹克运动会期间，凡是携带武器进入奥林匹亚的人，都被认为是背叛了神的人，应当受到惩罚；有力量而不惩罚这种背叛神的行为的人，也被认为是对神的背叛。《神圣休战条约》在当时起到了熄灭战火的作用，奠定了把奥运会作为和平、友谊象征的基础，对现代奥运会产生了深远的影响。

古代奥林匹克运动会从公元前776至公元394年，总共举办了293次，历时1170年。从历史的渊源、盛衰来看，大致可分为三个阶段。

1. 发起和兴盛：公元前776年到公元前388年

伯罗奔尼撒国王伊菲图斯于公元前776年，不但改革了宗教礼仪，还举办了大量的运动比赛，并决定每隔4年举办一次，时间定在闰年的夏季，目的就是要把宗教和体育竞技合为一体。因此，在公元前776年，古代奥林匹克运动会被正式载入史册，成为古代第一届奥运会。当时仅有一个比赛项目，即距离为192.27米的场地跑。在这一时期，希腊是一个政治、经济、文化较强的独立王国，虽然各个城市间有矛盾，但不会对奥运会产生任何的冲击，因此这一时期是古代奥运会的黄金时期。尤其是在希腊雅典于公元前490年在马拉松河谷击败波斯军队以后，人们的热情高涨，希腊的声望得到了极大的提升，许多体育设施和庙宇建立起来，参加比赛的选手遍布希腊的每一个城市，因此，奥林匹克运动会成为希腊最重要的庆典。

2. 衰退：公元前387年到公元前146年

从公元前431年到公元前404年，在斯巴达与雅典之间进行了长久的战争，希腊的国力大打折扣，并逐步被马其顿占领。在古代奥林匹克运动会上，马其顿的菲利普国王曾亲身参与赛马项目，随后的亚历山大大帝也曾大力赞助，并为其增加了一些设施。尽管如此，古奥运会精神还是大为减色，这一时期开始出现职业运动员。

3. 消亡：公元前145年到公元394年

在罗马帝国称霸希腊之后，尽管最初还举办过一些体育比赛，但是奥林匹亚城不再是比赛的唯一场地。例如，公元前80年第75届奥运会是在罗马举办的，而在奥林匹亚则是只举办了少年运动会。此时，职业运动员已经大量出现，并成为体育比赛的主力，希腊人对古代奥林匹克运动失去了兴趣。公元2世纪以后，基督教控制了欧洲，其中也包括希腊。罗马的狄奥多西一世在393年宣称基督教是国家教会，并在次年废除了古代奥林匹克运动会。奥林匹亚各项设施在395年的阿尔菲斯山谷一役中，被拜占庭人和歌德人的战斗摧毁。狄奥多西二世在426年将奥林匹亚建筑物的残余部分焚毁。奥林匹亚在511年和522年连续两次大地震中被摧毁，历经1 000多年的古代奥林匹克运动会就此烟消云散，繁荣的奥林匹亚变成了一片废墟。

（二）现代奥运会的发展历程

现代奥林匹克奠基者是法国著名教育家顾拜旦（Le baron Pierre De Coubertin，1863—1937），为奥林匹克的发展作出了巨大的贡献。顾拜旦主张，将现代运动发展到世界范围内，推动世界运动，并借鉴希腊运动的经验与文化传统，复兴奥林匹克运动。为使这个构想付诸实施，顾拜旦创建了《体育评论》，并在欧洲各地发表演讲，宣传奥林匹克理念。1892年，他首次发表了公开、官方的演讲，提出创立近代奥林匹克运动会。顾拜旦在讲话中明确指出：近代奥林匹克运动会应当像古代奥林匹克运动会一样，其目的是团结、和平和友好，但是应当在发展和革新上超越古代奥林匹克运动会，对一切国家、一切地区和一切民族都开放，并在世界各地轮流举办。

经过顾拜旦不懈的努力，在世界各地的推动下，各项筹备工作最终圆满完成。1894年6月16日到24日，应顾拜旦的提议，在巴黎召开了国际体育运动代表大会，来自美国、英国、俄国、瑞士、西班牙、意大利、比利时、荷兰、希腊等12个国家的49个体育组织的代表出席。会上还接到21个国家的来信，表达了对举办现代奥运会的赞同和恭喜。大会通过了关于成立国际奥林匹克委员会的决定，选举了第一届国际奥委会委员，并推举顾拜旦担任秘书长。会议决定遵循"业余运动"的决议，每4年举办一次奥林匹克运动会，而奥林匹克运动会的各项活动也由会议决定。1896年4月6日到15日，第一届现代奥林匹克运动会在希腊雅典如期举办，虽然不算完美，但它代表现代奥林匹克运动会的正式诞生，是一个具有历史意义的转折点。

现代奥林匹克运动会的发展可以分为四个时期：艰苦的探索（1894—1914）、初具模型（1915—1944）、发展和危机（1945—1979）、改革与创新（1980年至今）。

1894—1914年，新组成的国际奥委会还处在摸索阶段，还没有完全适应奥运会的概念，而且随着工业革命的发展，国家内部的冲突也越来越激烈，分裂的体育界内部也存在着不同的派系，各种势力纷争此起彼伏，而奥运会对交通、通信等硬件设施的需求也远远没有达到。所以，在这个时期，奥林匹克运动会发展得很慢，也很困难，暴露出很多缺点，例如，竞赛的内容频繁变化，缺乏对基本指标的管理（或者说缺乏一个统一的体育场所）。1908年伦敦奥运会上流传着一条奥林匹克谚语："重要的不是取胜，而是参与。"这届奥运会因为这一标语而被认为是奥运会历史上的一个里程碑。

1914年第一次世界大战爆发，致使1916年应在德国柏林举行的第七届奥林匹克运动会被取消。1924年冬奥会诞生，1928年女子田径运动正式纳入奥林匹克运动会。在两次世界大战期间，连续举办5次夏奥会、4次冬奥会，建立起了一个新的结构与运作体系。另外，在这一时期，许多著名的奥林匹克标志与典礼也相继问世，例如，1920年安特卫普奥运会上的奥林匹克五环旗帜、运动员宣誓，以及开幕式上放飞鸽子；1936年柏林奥运会上的圣火传递。奥林匹克理念在这段时间里不断地得到提升，人们受到鼓舞和呼吁，并以一种积极、乐观的态度投身于奥林匹克运动。

1945年第二次世界大战结束后，奥林匹克运动会呈现出一种全新的面貌：比赛范围不断扩展、比赛种类增多、竞技水准迅速提升，并且举办城市不限于欧洲及美洲。例如，1956年，澳大利亚大洋洲墨尔本举行了第16届奥运会，1964年第18届奥运会在日本东京举行。1979年，中华人民共和国恢复了在国际奥委会的合法席位。这时期，由于政治形势的改变，奥运会受到了不小的影响，由于各种政治理由而拒绝参赛的情况日益增多，体育活动日益商业化，运动员日益专业化。在新问题下，奥林匹克运动与社会发展之间的联系被国际奥委会所审视，19世纪发展起来的关于"业余原则""奥林匹克与政治无关"的观念，也随之发生了动摇和变化。

1980年，西班牙人萨马兰奇担任国际奥林匹克委员会的主席，他对形势作出了彻底的调整，使得奥林匹克运动能够与整个社会发展保持同步。首先，将商业视为洪流的老生常谈被国际奥委会否定，而它对于体育事业的正面影响被完全认可，奥林匹克运动在良好的经济基础上得到了有条不紊的发展。其次，取消了对选手职业资格的限定，同时也宣告了所有优秀的运动员都有资格参与奥运会，使奥林匹克竞赛的技术水准和观赏性得以全面提升和保障。第三，以务实的心态认识到体育运动与政治息息相关，并在不断变化的世界政局中，以积极而又灵活的方式，与各国政府及非政府组织（NGO）保持密切接触，积极、敏捷地进行协调，确保奥林匹克运动及世界体育事业的发展。最后，国际奥委会在奥林匹克运动的体制改革、法制观念提升、与国家政府联合打击禁药等方面取得了重大成就，使奥林匹克的内部和外部环境发生了翻天覆地的变化。

二、现代奥运会的影响力

（一）奥林匹克运动对世界产生了巨大的影响

1894年，顾拜旦和来自12个国家的79位成员组成了国际奥委会，开创了现代奥林匹克运动会。100多年过去了，如今的奥林匹克运动会已经变成了一个举国欢腾、世界关注的盛会。在1992年巴塞罗那奥林匹克运动会上，国际奥委会有172名会员，而到了2004年雅典奥运会时，该数字已增至202名。1998年，史学家们把1 000多年来奥林匹克运动会最重要的大事和人物都集中展示在《生活》周刊上，顾拜旦也跻身

第四章 体育精神的传播

榜单。奥林匹克运动对今天的世界产生了巨大的影响。

奥林匹克大家庭是一个由奥运会组成的大型的、有广泛影响力的全球性机构，主要由下列成员组成：国际奥委会，国家和地域奥委会，国际单项体育联盟，夏季和冬季奥运组委会，以及参加奥林匹克运动的运动员、教练、官员、赞助者、新闻媒体等。由此可见，世界各地的运动组织都与奥林匹克紧密相连，并且各国的政治、经济、商务、旅游、文化、大众媒体等都与奥林匹克运动息息相关。

奥林匹克的目标是推动人类的真、善、美。第二次世界大战后，因为"冷战"及其思维一直存在，导致世界各地民众的交流受到了极大的限制，并且出现了各种关系到人类利益和安全的问题，如生态危机、地区冲突、贸易壁垒、自然灾害等，奥林匹克在此大环境下，致力于增进不同文化和不同民族的人相互理解，并用自身特有的魅力搭建了一条连接不同国家的纽带。

奥林匹克运动通过其本身充满人性的体育活动，来搭建友好的桥梁，使全世界的青少年能够在此基础上进行沟通。第四届国际奥委会主席埃德斯特隆曾说过："奥林匹克不能迫使人民去拥抱和平，但却给全球年轻一代带来了一个机遇，让他们如同手足。"实际上，这个目的达到了。在1992年巴塞罗那奥运会上，虽然伊拉克与科威特之间的内战刚刚过去一年，但两个国家的选手都参加了比赛。此外，韩国和朝鲜两个国家的运动代表队在2000年悉尼和2004年雅典奥运会时，共同高举朝鲜半岛旗，象征着两个国家的团结。前国际奥委会主席罗格表示，韩国和朝鲜的合作是雅典奥运会开幕的亮点。我非常荣幸地见到韩朝两个奥林匹克理事会能够以一种切实可行的方法来实现奥林匹克的理念。

（二）奥运传播为奥运会发展提供最实在的支持

现代奥林匹克运动会历经百余年的发展，已是全球规模最大的运动盛会，受到了许多国家的追捧，其影响力也体现在历届奥林匹克运动会主办权的争夺上。奥林匹克运动不仅构成了现代社会所特有的体育文化景观，以其特有的文化魅力愉悦人们的身心，更以其强烈的人文精神催人奋进，生生不已。

奥运传播的含义具有广义和狭义之分。广义的奥运传播是指一切与奥林匹克运动相关的活动，它涵盖了奥运会的准备工作、比赛过程、主办国家经济发展、文化活动、环境保护、社会民主、科技发展、食品安全、交通食宿、政治体制、突发事件、知识产权、国际关系等一系列与奥运会相关的议题的所有传播活动；狭义的奥运传播即"奥林匹克新闻媒体"，它是一种仅限于奥林匹克运动和运动比赛的媒体报道。本书将"奥运传播"一词作为一个狭义的概念来界定，其中一项内容是电视介入奥运转播。

现代奥运会曾经是理想主义的果实，人文主义创始人想通过体育竞技展示自我、传递友谊、提升人类的生存价值。然而再理想的东西也离不开经济基础，当奥运会在发展过程中遭遇巨大的财政危机后，奥运会被迫向商业妥协。电视介入奥运会转播，最初的动力来源于人类对超越时空传播体育比赛的渴望。但电视转播的商业价值很快成为奥运会组织者的兴奋点，他们通过激烈的谈判，将经济危机的解决方法转向电视台。经过几十年的斗争和妥协，如今电视不仅扩大了奥运会的影响力，催生了奥运市场，同时也给奥运会带来巨大的经济收入，为奥林匹克运动的发展提供最实在的支持。从最早的免费转播，到今天高昂的转播费，电视台与奥林匹克运动合作了几十年，虽然中间矛盾不断，但最后共同利益将它们紧紧绑定在一起。

三、依托社会热点传播奥运文化

北京奥运博物馆的核心工作就是保存奥运遗产，传播奥运文化，激发爱国热情，2015年到2022年，北京奥运博物馆举办了不少临展和巡展。

表4-1　北京奥运博物馆2015—2022年展览

序号	时间	名称	展览形式
1	2015年	奥运之路　和平相伴	临展，巡展
2	2016年	奥运文化景观与城市发展	临展，巡展
3	2016年	新长征　奥运梦	巡展
4	2016年	炫彩里约　相聚奥运——2016年里约热内卢奥运会纪实展	巡展
5	2017年	情系奥运　携手共赢	巡展
6	2017年	奥运城　中国梦	巡展
7	2017年	"我的运动日记"摄影展	临展
8	2018年	荣耀十年——我们共同的奥运记忆	巡展
9	2018年	一带一路　圣火相传	巡展
10	2018年	中华同梦　共襄奥运	巡展
11	2018年	双奥之城　释梦冰雪	临展
12	2019年	华彩七十载　冰雪新时代	临展
13	2019年	回望经典　筑梦中国	临展
14	2020年	我的抗疫运动日记	临展，线上展览
15	2020年	我来说奥运	临展
16	2021年	百年征程　砥砺前行——庆祝中国共产党成立100周年红色体育展览	巡展
17	2022年	弘扬冬奥精神　携手共创未来——2022年北京冬奥会、冬残奥会回顾展	巡展

（一）来到身边的奥运文化

巡展是20世纪50年代初期，博物馆工作者针对社会需要而开辟的走出博物馆、深入基层，传播科学文化知识的宣传教育形式。几十年来，各个博物馆根据自身的条件与社会需求，坚持面向社区、学校、部队等举办主题多样、形式新颖、规模适度的具有本馆特色的流动展览。这些展览不仅提高了博物馆的社会效益，而且促进了博物馆专业队伍建设。北京奥运博物馆作为新馆，通过举办巡展提高社会效益、建设专业队伍是非常必要的。

巡展一 "荣耀十年——我们共同的奥运记忆"巡展活动走进奥帆博物馆

2018年7月31日，正值2022年北京冬奥会成功申办三周年。北京奥运博物馆"荣耀十年——我们共同的奥运记忆"巡展在奥帆博物馆开幕，展期为7月31日至8月20日。

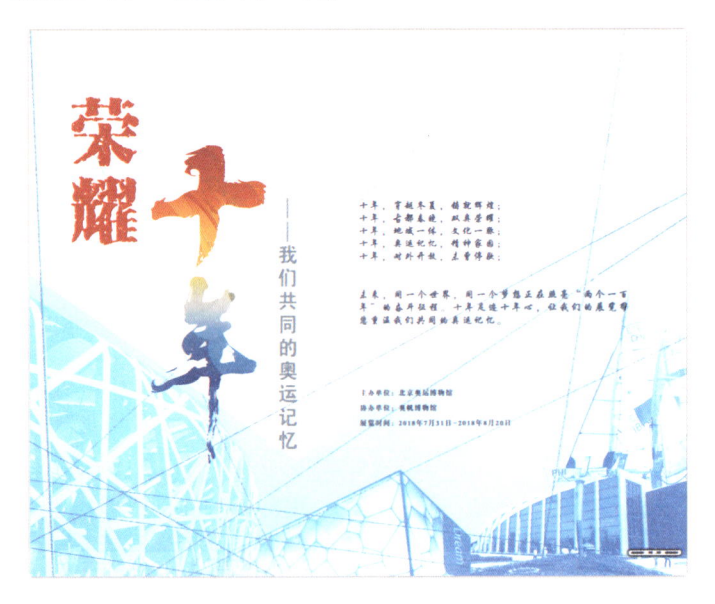

图4-1 展览宣传海报

第四章
体育精神的传播

展览回顾了2008年北京奥运会辉煌的开幕式,展示了以运动员奋力拼搏为代表的奥运精神,梳理了2022年北京冬奥会筹办进程,引导观众热爱奥运文化,思考奥运遗产的价值,将全民健身的理念融入个人的全面发展和体育强国梦中。本次展览有以下亮点:一是通过重点文物来烘托辉煌荣耀的氛围,如缶、开幕式表演服装、祥云火炬、奥运奖牌、2008年奥运特许纪念品、运动员服装等;二是挖掘奥运文化中的传统文化,如古典诗词的运用、中国"和谐"的哲学思想、传统纹样、古代体育等;三是通过夏奥会、冬奥会申办、筹办过程的对比来凸显冬奥会理念的进步。

展览分为"新时代 新奥运""奥运十年自难忘""十年拼搏铸辉煌""十年荣耀双奥城""十年足迹十年心"五部分,向观众展示了2008年北京奥运会成功举办以来,到2018年,在奥运精神的鼓舞下,中国体育战绩所取得的辉煌成就。

图4-2 巡展展厅场景

图4-2 巡展展厅场景（续）

第四章 体育精神的传播

图4-2 巡展展厅场景（续）

展览开幕式上，"中国马拉松奥运第一人"王国亮先生捐赠"圆梦冬奥，马到成功"环球马拉松冬奥宣传旗帜，学生们在"筑梦冬奥，相约北京"签名长卷上签名。

图4-3 工作人员为与会嘉宾及同学们进行讲解

109

配合巡展，博物馆开展了地壶球体验活动，由工作人员为观众进行比赛规则的讲解。地壶球是冬奥会竞赛项目冰壶的普及版，可在平滑地面上进行，是一项适合全民的运动。

图4-4　地壶球体验活动

奥林匹克运动在中国具有广泛的群众基础，中国人民对奥林匹克运动充满执着的热爱和追求。在人类跨进21世纪初叶，作为中华人民共和国的首都北京能够承办这一盛会，使奥运圣火在中国大地首次点燃，这不仅是北京市和中国人民的荣耀，也是奥林匹克运动能在占世界1/5人口的土地上普及和发展的一个大好机会。

"有朋自远方来，不亦乐乎""四海之内，皆兄弟也""己所不欲，勿施于人""德不孤，必有邻""礼之用，和为贵"，经典的回响，仿佛超越时空，奏响时代的新声。奥运会把和平、友谊、拼搏等人类精神凝聚成世界共识，在中国与开放、文明、现代等历史潮流交汇于一处。奥运会对于中国的意义，不只是一场体育盛会，也是文明交流互鉴的切入点，见证了古老文明迈向现代化、全球化的身影。

2008年北京奥运会，中国荣登金牌榜榜首。神射靶场、速度鸟巢、魔幻水立方，世界纪录被频频改写。"宝剑锋从磨砺出，梅花香自苦寒来"，从许海峰实现中国奥运金牌零的突破，到女排精神、乒乓精神、奥运精神，体育文化所熔铸的爱国、敬业、创新和协作精神感染了各行各业的人们。

体育是提高人民健康水平的重要手段，也是实现中国梦的重要内容，能为中华民族伟大复兴提供凝心聚气的强大精神力量。进入新时代，中国价值与奥运精神携手，以更具包容性、全球性的人类精神，打造人类命运共同体。

巡展二 "华彩七十载 冰雪新时代"巡展活动走进长春博物馆

2019年9月11日，第三届"撷彩京华——北京市文物局博物馆联展"在长春博物馆开幕。本次联展是在北京市文物局的领导下，由北京古代建筑博物馆、大钟寺古钟博物馆、北京市西周燕都遗址博物馆、北京市古代钱币展览馆、老舍纪念馆、北京西山大觉寺博物馆、北京京御绣文化艺术发展有限公司、北京奥运博物馆8家单位联合举办。2019年是中华人民共和国建国70周年，也是2022年北京冬奥会、冬残奥会正式进入北京周期的第二年。北京奥运博物馆以"华彩70载 冰雪新时代"为展题，以时间为主线，回顾了新中国成立70年以来的体育成就，展现北京这座"双奥城市"的发展历程，呈现北京在冬奥会背景下的时代风采。展期为9月11日至12月20日。

图4-5 第三届"撷彩京华——北京市文物局博物馆联展"开幕仪式

图4-6 "华彩七十载 冰雪新时代"巡展展厅

图4-7 领导参观巡展展厅

此次展览由三部分构成：第一部分"华彩七十　体育筑梦"，讲述新中国成立70周年以来，中华民族在体育事业筑梦、逐梦、梦圆的故事；第二部分"双奥之城　冰雪续缘"，讲述北京地区的冰雪情缘与2022年冬奥会的筹备情况；第三部分"承前启后　吉刻出发"，是结合这次展览地点特别策划的，讲述吉林这个冰雪文化强省的成就和魅力，增进京吉两地文化交流。

本次巡展展品丰富多样，有年代久远的1896年第一届奥运会纪念章，还有历届夏季奥运会海报徽章、火炬徽章，20世纪50年代体育资料，2008年北京奥运会祥云火炬、缶、开幕式表演服装，《中国奥运冠军录》，多届冬奥会吉祥物，2018年平昌冬奥会领奖服等，给观众带来生动的观展体验。

图4-8　展览第三部分"承前启后　吉刻出发"

图4-9 巡展场景

第四章
体育精神的传播

  此次展览还设有VR滑雪互动体验项目，引导观众体验冬季项目的乐趣，呼吁更多人响应"三亿人参与冰雪运动"的号召，让奥运文化"活起来"。在展览末尾特别设置了一面签名墙，在场的领导、嘉宾及观众纷纷留下了对2022年北京冬奥会的祝福。

图4-10 "筑梦冬奥 相约北京"签名墙

  此外，在互动区设置了奥运奖牌DIY的活动，观众可以新手制作"奥运奖牌"并带回家。

图4-11 奥运奖牌DIY活动现场

115

巡展三　百年征程　砥砺前行——庆祝中国共产党成立 100 周年红色体育展览

2021年是中国共产党成立100周年。百年征程波澜壮阔，百年初心历久弥坚。旧中国时期，广大人民的身体健康状况十分堪忧，中国人被称为"东亚病夫"。为改变这种现状，争取保障人民大众的体育权利，中国革命先驱陈独秀、李大钊、毛泽东等在"五四运动"前皆有精辟的体育救国思想及行动。1917年4月，青年毛泽东以"二十八画生"的署名在《新青年》杂志上发表了著名的体育文章《体育之研究》，提出了著名的体育思想："欲文明其精神，先自野蛮其体魄。"

1921年中国共产党成立之后，领导人对红军战士和广大人民的健康状况高度重视，把体育视为中国共产党领导革命运动的重要任务，并把改善工农健康、争取工农体育卫生权利写进党的决议中，这为红色体育的开展提供了政治保障。"体育救国"和"救国强种"的口号获得人民群众的拥护和积极响应。

展览分"红星照耀　体育救国""砥砺奋进　中华圆梦""冬梦飞跃　再续华章"三个单元，带领大家重温峥嵘岁月中的红色体育故事，探寻中华民族追寻奥林匹克梦想之路。中华人民共和国成立后，在党和国家对体育事业的亲切关怀、高度重视下，我国体育组织机构不断完善、法律法规逐步健全，不断探索走出了一条中国特色社会主义体育发展道路。改革开放后，中国创造了骄人的体育成绩。

1981年，中国女排在日本举行的第3届世界杯上以7战全胜的成绩，首次夺得世界杯赛冠军，这也是中国三大球（足球、篮球、排球）首个世界冠军。1982年和1984年中国女排又在世锦赛和奥运会上站到了最高领奖台上。"女排精神"成为中华民族的精神财富和国民的集体回忆。

1990年9月22日至10月7日，第11届亚运会在北京成功举办，这是中国第一次举办综合性国际体育大赛。北京亚运会向世界证明了中国具有举办奥运会的条件和实力。

图4-12　1984年洛杉矶奥运会上，中国女排夺冠后喜极而泣

自1908年提出"奥运三问"，到终于获得2008年奥运会的举办权，中华民族的奥运梦想整整跨越了100年。"世界给我17天，我还世界5 000年。"北京奥运会作为一届"无与伦比"的奥运会，永远存留在世界各国人民的心中。北京奥运会培育和形成的奥运精神，也成为中国人民全面建设小康社会和实现中华民族伟大复兴的强大精神动力。

图4-13　2008年北京奥运会开幕式主流媒体评价

图4-14　运动员们向观众打出"谢谢你，中国"的标语

图4-15 志愿者的微笑是北京最好的城市名片

（二）特色展览助推奥运文化的传播

临时展览的展出时间较短，具有专题性、话题性、创新性的特点。临时展览重视将观众带入展览情境，激发观众参与展览述说的意愿，运用科学思维方法讨论展览提出的话题。近年来北京奥运博物馆依托社会热点话题多次举办临展，用奥运遗产传播奥运文化，激发人们的爱国热情。

临展一 "奥运之路 和平相伴"——纪念中国人民抗日战争暨世界反法西斯战争胜利70周年

现代奥运会本来是追求和平、友谊、进步的体育盛会，应与战争无关，但是战争也影响着奥运会。现代奥运会自诞生以来，曾有三届奥运会因为战争原因被迫取消。1916年，因为第一次世界大战爆发，为谴责德国的侵略行为，国际奥委会取消了原定在德国柏林举行的第6届奥运会；1940年原定在赫尔辛基举行的第12届奥运会和1944年原定在英国伦敦举行的第13届奥运会，因为第二次世界大战也不得不取消。

1932年，国际奥委会宣布第11届奥运会在德国柏林举行，但遭到许多国家的反对。1934年，国际奥委会会议仍坚持原则。1936年6

月，一些国家在巴黎召开了捍卫奥林匹克理想大会，反对在希特勒统治的德国举行第11届奥运会，号召各国运动员去巴塞罗那参加人民奥林匹克运动会。后因西班牙法西斯分子破坏，巴塞罗那大会未能举行。1936年8月1日至16日，第11届奥运会在德国柏林举行，柏林奥运会是纳粹一手炮制的奥运会，它违反了奥林匹克精神，为德国法西斯粉饰和平起了推波助澜的作用。1939年9月，德国法西斯即发动了侵略战争，给包括德国人民在内的全世界人民带来了巨大的灾难。1954年，国际奥委会在纪念奥林匹克运动60周年发表的44号公报中，就当年的错误选择向公众道歉。

日本帝国主义在侵略中国的同时，东京正在申办第12届奥运会，妄图以此改变国际形象。中国坚决抵制，中华全国体育界救亡协会致函奥林匹克46个会员国和国际奥委会，揭露日本的阴谋，反对在日本东京举办奥运会。中国的正义呼声得到世界各国的响应和国际奥委会的支持。英国提出，奥运会的宗旨是为了促进邦交和维护和平，由于日本肆意践踏和破坏公理，倡议取消日本的奥运会委员资格。1938年3月，国际奥委会在埃及开罗召开会议，决定将第12届奥运会改在芬兰赫尔辛基举行。国际奥委会还致函中华全国体育协进会，正式邀请中国参加。中国也积极准备参加，但因第二次世界大战的战火愈烧愈旺，奥运会不得不暂时停办。

第二次世界大战是人类历史上规模空前的战争，全世界有60多个国家和地区逾20亿人先后卷入。全面抗战爆发后，在延安等敌后抗日根据地，在中国共产党的领导下，群众性体育运动开展得如火如荼，具有革命性、群众性的鲜明特点和浓厚的军事色彩。

2015年，在纪念抗战胜利70周年之际，北京奥运博物馆以"奥运与战争"为切入点，推出原创临时展览"奥运之路 和平相伴——纪念中国人民抗日战争暨世界反法西斯战争胜利70周年"。展览分为5个单元：第一单元，追求和平的古代奥林匹克运动；第二单元，战争与奥运；第三单元，抗战期间的中国体育运动；第四单元，战后奥林匹克运动的发展；第五单元，未来的奥林匹克运动——以体育促和平。该临展以体育文化为视角，沿着奥林匹克运动的足迹，回顾了战争年代奥运发展的历史，展现了抗战期间体育运动凝聚人心、增强斗志的作用。重温了在中国共产党的领导下，中国人民参与敌后抗日根据地体育运动的发展历程。在选题策划、大纲编制、形式设计、宣传推广等各个环节全部由北京奥运博物馆专业人员实施，展览紧扣形势，重点突出，营造了浓厚的抗战纪念氛围。

奥林匹克运动的宗旨是"团结、友谊、和平、进步"，它通过体育运动的手段增进各国人民之间的互相了解，促进和平，减少战争威胁。无论是古代奥林匹克运动会还是现代奥林匹克运动会，追求和平，是矢志不渝的信念。从这一点看，正如南非前总统曼德拉所言，体育具有改变世界的力量。

从"奥运三问"到举办2008年北京奥运会，再到举办2022年冬奥会，中国与奥林匹克运动相互交融、共同发展，更多的中国人在参与体育运动的过程中绽放激情与活力，收获快乐和健康。奥林匹克运动崇尚团结、友谊、进步的精神，追求卓越、共享、尊重的理念在中华大地上延续，体育运动的背后，凝聚了最深厚的民族精神和爱国情怀，鼓舞着人们朝着建设体育大国的目标迈进，实现中华民族伟大复兴的中国梦，不断以坚持和发展中国特色社会主义的新成就告慰我们的前辈和英烈。

2015年8月，北京奥运博物馆将该展览推广到亚运村安慧里社区。通过讲解员的讲解，激发了社区居民特别是青少年的爱国热情，教育大家珍惜今天的幸福生活，发奋图强，报效祖国。

奥林匹克运动在20世纪已经为世界体育的发展和人类社会的进步作出了巨大贡献，在21世纪，尽管它还会遇到各种意想不到的困难和挫折，但是它会在困难和挫折中走出自己的发展之路，继续以体育独有的魅力，促进人类社会的和平、友谊和进步。

图4-16　巡展展厅

临展二　"我的运动日记"摄影展——交流互动，重塑自我

体育类专题博物馆的临时展览应该更加生动活泼，贴近生活。心理学研究表明，人们对熟悉的场景和与自己有关的事情更加关注，人们越来越重视自我意识的释放、表达与分享，每天都在发生的故事，往往比单向的事实表述更加迷人，于是，"我的运动日记"摄影展应运而生。展览设定了以下目标：弘扬全民健身的理念，让运动融入生活；科普运动与健康饮食的常识，让运动更科学；创建公众对话交流、展示自我的平台，拉近博物馆与公众的距离；采用第一人称的叙事方式，由公众生成内容，丰富展览理念与形式。

2017年3月28日，北京奥运博物馆向广大体育爱好者发出诚挚的邀请，希望大家借助北京奥运博物馆这个平台把自己运动的精彩瞬间和运动感悟、健康理念以照片和日记的形式记录下来。通过大家的积极参与，博物馆收获了来自全国各地、不同职业、不同年龄的运动达人的1 000余张精彩照片与视频资料。根据征集内容及不同年龄段参与者，北京奥运博物馆最终将摄影展定为6个板块：我们都是行动派、我是运动小达人、妈妈的瘦身计划、亲子的运动时光、运动从饮食开始和运动科普。2017年7月31日，展览在北京申冬奥成功2周年之际开幕。当天北京奥运博物馆邀请并介绍参与此次活动的运动达人，分享他们的运动经验和成果；现场还对三组嘉宾进行了采访，了解他们的运动历程，从动机到实施，从过程到收获，体育运动在不断影响着他们的人生，为他们的生活带来了新的健康的变化和发展。

该展览的特色是与观众交流的方式照顾到不同个体的需求。北京奥运博物馆从"向观众诉说"转变为"与观众交流对话"。在这种模式下，观众可以提供给博物馆更多他们的兴趣诉求，而博物馆可以及时调整展示内容和相关服务，博物馆和观众不断交流，相互适应，相互学习，加强合作。

图4-17 "我的运动日记"摄影展宣传海报

图4-18 "我的运动日记"摄影展展厅

图4-19 "我的运动日记"摄影展现场活动

图4-19 "我的运动日记"摄影展现场活动（续）

运动可以强身健体、重塑自我，同时它也能够增强自信，平衡我们的生活与工作。北京奥运博物馆作为传承奥运文化的使者，希望将终身运动的生活理念推广出去，让更多的人感受到运动的快乐。

临展三 "回望经典 筑梦中国"——新中国体育发展巡礼展

体育代表着青春、健康、活力，关乎人民幸福，关乎民族未来。伴随着共和国的成长，新中国体育事业走过了70多年不平凡的拼搏历程，取得了举世瞩目的辉煌成就，成为世界体坛举足轻重的力量。体育事业的发展是中国社会主义现代化建设辉煌历程和伟大成就的缩影，也是中华民族奋发图强，努力实现伟大复兴的精彩写照。由北京奥运博物馆主办天津博物馆协办的"回望经典 筑梦中国——新中国体育发展巡礼展"于2019年8月—10月在天津博物馆展出。

在新中国体育发展过程中，宣传海报在体育文化推广、普及和传播中担当了重要角色,它不仅仅是一种宣传工具,更是体育活动有价值的文化载体之一。奥林匹克运动会始终保持了每届比赛都印制宣传海报的传统,这从一个侧面反映了奥林匹克运动"体育+文化"的理念。

展览通过新中国成立以来不同时期的珍贵体育宣传画、体育格言,为观众展开一幅新中国体育发展的生动画卷,传递健康向上、积极进取的精神力量,从体育的角度见证了中国从"站起来"到"强起来"的奋进征程。展览分为"记忆如画""奥运之巅""冬梦飞跃""健体强国"四个部分。

中华人民共和国成立初期,提出了建设"民族的、科学的、大众的"新体育号召。"为人民的健康、新民主主义的建设和人民的国防而发展体育"成为中国体育的发展方向。随着体育政策和制度的不断完善,体育国际交往活动日益频繁,中国体育得到了广泛普及和发展,水平显著提高。

"锻炼身体,建设祖国,保卫祖国"是新中国成立初期体育战线最通用的语言,也是鼓舞人们参与体育运动的精神动力。"发展体育运动,增强人民体质;锻炼身体,保卫祖国",这个我们曾经非常熟悉的口号蕴涵着一个民族的强烈愿望:身体是革命的本钱,锻炼身体就是为了建设祖国,保卫祖国。

图4-20　20世纪50年代广播体操家喻户晓

图4-21 广播体操挂图

图4-22 开放的中国盼奥运（1993年北京长安街东单路口的一幅宣传画）

第四章 体育精神的传播

图4-23　1984年洛杉矶奥运会宣传画

2022年北京冬奥会会徽和冬残奥会会徽把中国文化底蕴、现代国际风格、冬奥运动特征融为一体，生动彰显了当代中国的时代风貌和文化魅力，形象展示了冰雪运动的激情、青春与活力，传递出运动员超越自我、奋力拼搏的精神，表达了14亿中国人民对北京冬奥会和冬残奥会的美好憧憬。

图4-24　冬奥会冰雪项目相关海报（竖版）

习近平总书记强调:"建设体育强国,就要坚持以人民为中心的思想,把人民作为发展体育事业的主体,把满足人民健身需求、促进人的全面发展作为体育工作的出发点和落脚点,落实全民健身国家战略,不断提高人民健康水平。"增强人民体质、提高全民族身体素质和生活质量,始终是中国体育事业发展的根本目标。

图4-25 全民健身 利国利民

伴随着全民健身活动的蓬勃开展,人们的生活观念发生了巨大变化。为健康而消费成为提高生活质量的一种时尚,也是一种健康的生活方式。体育在促进社会全面发展中发挥着更加积极的作用,也在增强大众的幸福感和获得感中起到了重要作用。

在习近平总书记关于"冰天雪地也是金山银山"的精神指引和"三亿人参与冰雪运动"的号召下,以筹办2022年北京冬奥会和冬残奥会为契机,全国各地掀起了发展冰雪运动的热潮。宣传冰雪知识,普及冰雪文化,全民冰雪运动稳步开展。

体育是强国之举,强国是复兴之途。伟大的中国,今天比以往任何时候都更接近于实现中华民族伟大复兴的中国梦,体育也比以往任何时候都更为关键。蔚然成风的全民健身已经成为中国富强、民主、文明、和谐的新标签。站在历史的新起点,体育事业将与共和国共同

第四章 体育精神的传播

成长，见证中国从"站起来"到"富起来"，再到"强起来"的奋进征程。

临展四 "我来说奥运"——体育育人润物无声

博物馆的重要功能之一就是教育，主要是为广大观众提高思想品德和文化素养服务，为在校学生的校外教育服务。博物馆的核心工作就是用生动的实物、精美的图片、跃动的视频对广大市民特别是学生进行爱国主义教育，是北京奥运博物馆的责任。

2020年，北京奥运博物馆推出了面向中小学生的巡展"我来说奥运"，展览分为现代奥林匹克的诞生、夏季奥林匹克运动会、冬季奥林匹克运动会、"魅力北京 双奥之城"、历届冬奥会会徽五部分。恰逢冬奥会宣传热潮，展览重点讲述了冬奥会徽厚重的文化内涵。

展览回顾奥运历史，宣传以友谊、团结和公平竞争的奥林匹克精神及体育活动教育青少年，从而建立一个和平、美好的世界。它倡导的不断进取、永不满足的奋斗精神，鼓励人们在生活和工作中不甘于平庸、朝气蓬勃、永远进取、超越自我，特别是希望广大的学生将自己的潜能发挥到极限。

此次展览让学生们把自己当成奥运的参与者，把了解的奥运知识传授给身边的人，从而自己也受到了教育，感受到体育精神、奥运精神，潜移默化，润物无声。

图4-26 古代奥林匹克运动会举办地——奥林匹亚

图4-27 "更高、更快、更强"正式写入《奥林匹克宪章》

图4-28 奥林匹克圣火采集仪式

图4-29 祥云火炬

图4-30 舞动的北京——中国印

图4-31 北京2008年奥运会吉祥物——福娃

图4-32 2008年北京奥运会奖牌

图4-33 2022年第24届北京冬奥会会徽

（三）异彩纷呈的社教活动

活动一 "相约2022·我心中的奥运遗产"主题少儿绘画展征集活动

奥林匹克在追求"更快、更强、更高"的自我挑战精神的同时，也兼顾公平、公正、平等、自由的体育竞技精神。奥林匹克还是一种积极乐观的生活态度和人生哲学，更是一种和谐、自由、健康、积极的现代理论。奥林匹克是人类文明的共同遗产。

2020年5月，北京奥运博物馆以"相约2022·我心中的奥运遗产"为主题，向7—12岁的少年儿童征集画作，希望通过绘画的形式让学生了解奥运历史和奥运丰富的内涵，激发青少年对奥运文化遗产的感知与学习。

图4-34 "相约2022·我心中的奥运遗产"临展展厅（一）

图 4-35 "相约2022·我心中的奥运遗产"临展展厅(二)

图 4-36 "相约2022·我心中的奥运遗产"临展展厅(三)

图4-37 "相约2022·我心中的奥运遗产"临展展厅(四)

活动二 "奥运说"冰雪课堂走进北京市东城区灯市口小学

2021年4月30日,北京奥运博物馆"奥运说"冰雪课堂走进北京市东城区灯市口小学,为师生送去了多场丰富多彩的冬奥知识讲座和奖牌制作体验活动,全校1 800多名师生参与活动。

本次活动恰逢灯市口小学举办冰雪体育节活动。北京奥运博物馆书记冯云参加体育节开幕式。开幕式上,北京奥运博物馆和灯市口小学领导分别致辞,冯云书记在致辞中表达了对灯市口小学举办冰雪体育节的热烈祝贺和对同学们的殷切希望。她勉励同学们在奥林匹克精神的激励下,未来都可以成为更好的自己,成为自信、友好、和平,具有国际风范的双奥小主人,用拼搏和汗水点燃同学们人生的奥运圣火,书写人生华章。

图4-38　北京奥运博物馆书记冯云在开幕式上致辞

花样滑冰世界冠军张昊也来到了开幕式现场，他通过幽默生动的语言，和同学们分享了自己参与花滑运动的亲身经历。开幕式结束后，北京奥运博物馆的社教工作人员为同学们带来了丰富多彩的冬奥知识讲座和奖牌制作体验活动。

图4-39　花样滑冰世界冠军张昊讲话

在灯市口小学本校区，社教工作人员为同学们带来了题为《说说我们的冬奥会之冬奥场馆》的知识讲座。社教工作人员将冬奥会项目和场馆赛区相结合,使同学们对冬奥会场馆有了整体的了解。同时,冬奥会场馆里多项高科技的使用也让同学们对祖国的科技发展自豪不已。

图4-40 社教工作人员进行冬奥场馆知识讲座

与此同时,在灯市口小学东高房校区,社教工作人员为不同班级的学生分享冬奥知识。考虑到该校区都是二年级的低龄学生,社教工作人员特意为同学们准备了冬奥奖牌制作体验活动。让同学们不仅学习到了冬奥知识,同时也锻炼了动手能力。活动结束后,同学们将亲手制作好的奖牌挂在胸前,爱不释手。

图4-41 同学们体验冬奥奖牌制作

图 4-41　同学们体验冬奥奖牌制作（续）

2020 年，北京奥运博物馆与北京灯市口小学共同建立了奥林匹克文化教育基地，学校特为此辟出一间奥运教室。北京奥运博物馆为学校提供了数十件（套）北京奥运会、冬奥会相关展品，在奥运教室中展出。此外，北京奥运博物馆派出了师资力量，为灯小培养自己的"奥运小小讲解员"。

图 4-42　奥运小小讲解员

逐梦奥运 / 北京奥运博物馆的诞生和奥运遗产传承

图4-42 奥运小小讲解员（续）

138

奥运教室中座无虚席，社教工作人员针对小小讲解员的特点修改了部分讲解词的内容，用孩子的语言讲给孩子听。让同学们讲得生动，让聆听者听得有趣。社教工作人员为每位同学提供了现场讲解的机会，并为大家纠正语音语调，还为同学们介绍讲解的礼仪规范。同学们也非常珍惜这次宝贵的培训机会，大家都暗下决心，希望能够早日成为一名合格的小小讲解员。

北京奥运博物馆作为奥林匹克精神的重要传播机构，始终把传承奥林匹克精神、传播奥林匹克文化作为社教活动的重点，并不断通过加强馆校共建合作，推动冰雪活动进校园活动，提高青少年参与冬奥的热情。同学们都是祖国未来的希望，北京奥运博物馆希望通过奥林匹克精神与文化在校园的传播，激励同学们在学习生活中，在奥运精神的感召下，更加努力学习、增强身体素质，在不远的未来成为祖国的骄傲、国家的栋梁。

活动三 "全民健身日"——全民健身与奥运同行

2008年8月8日，中国人民期盼百年的北京奥运会在国家体育场——鸟巢隆重开幕。举办这样一届"无与伦比"的奥运会，为北京、中国乃至世界奥林匹克运动都留下了积极而深远的影响。为了满足广大人民群众日益增长的体育运动需求，同时也为了纪念北京奥运会的成功举办。经国务院批准，从2009年起将每年的8月8日定为"全民健身日"。

图4-43 全民健身日标志

逐梦奥运
北京奥运博物馆的诞生和奥运遗产传承

"全民健身"的概念由来已久。1949年,中华人民共和国成立之后,"大众体育运动"即受到党和国家的高度重视。1952年,第一个全国群众性体育组织——中华全国体育总会成立,毛泽东主席为其题词:"发展体育运动 增强人民体质",这也为我国群众性体育运动的发展指明了方向。1995年,国务院颁布《全民健身计划纲要》,成为那一时期我国发展社会体育运动和全民健身事业的纲领性文件。

2001年,北京申办2008年奥运会成功。在筹办奥运会期间,北京市提出"绿色奥运、科技奥运、人文奥运"三大理念,而全民健身更是人文奥运的重要体现。通过举办奥运会,激发了亿万人民参与体育运动的热情。奥林匹克精神在14亿中国人中得到了最大程度的普及和传承,并不断激励着人们广泛参与各项体育运动,全民健身成为人民群众生活的新风尚。

图4-44 旱地冰球活动

2016年,国务院印发《全民健身计划(2016—2020)》(以下简称

《计划》),《计划》中明确指出,到2020年,群众健身意识普遍增强,每周参加1次以上体育锻炼的人数达7亿以上,全民健身的教育、经济等社会功能得到充分发挥。

2021年8月,在我国第13个全民健身日来临之际,国务院印发《全民健身计划(2021—2025)》(以下简称新版《计划》)。相对于上一版,新版《计划》对全民健身事业提出了更高要求。除了继续加大群众性体育设施建设力度和广泛开展全民健身体育赛事之外,新版《计划》还要求促进重点人群健身活动开展,特别是加快实施青少年体育活动促进计划,开展针对青少年近视、肥胖等问题的体育干预。

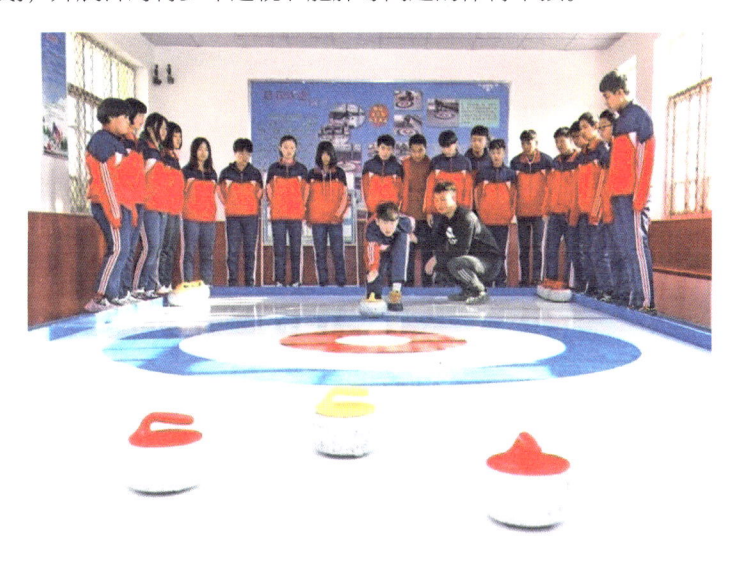

图4-45 青少年体验旱地冰壶

青少年是祖国的未来,是祖国的希望。加强青少年健身活动,树立正确的健身观念,对我国全民健身事业发展尤为重要。学生在校期间保障每天1个小时体育活动时间,进一步完善学校体育教学模式,深化体教融合。新版《计划》还提出,进一步推动体育产业的高质量发展,推进体育产业数字化转型,鼓励体育企业探索、运用更多更好的"高科技"手段,不断开拓创新。

2018年,国家体育总局公布《"带动三亿人参与冰雪运动"实施纲要(2018—2022)》,大力推广普及群众性冰雪运动,助力建设"健康中国",奋力实现"带动三亿人参与冰雪运动"目标。

图4-46 张家口的中学生学习基础滑雪

北京冬奥会对于推动京津冀协同发展具有重大意义,张家口崇礼等地对于开展冰雪运动有着得天独厚的地理优势,随着北京冬奥会申办成功,崇礼的专业滑雪场地不断增加,相关配套设施也同步建设完成,越来越多的人开始认识、参与冰雪运动。冰雪运动不再是北方人的专利,在"冬奥冰雪热"的带动之下,重庆、广东等地冰雪运动的开展异常火爆。随着中国杯世界花样滑冰大奖赛落户素有"火炉"之称的重庆,我国南部地区冰雪运动的参与人数以年均10%的速度快速增长。

第四章
体育精神的传播

图4-47　广东的室内滑雪场

3亿人参与冰雪运动，是北京携手张家口申办2022年冬奥会时，中国向国际社会做出的郑重承诺。而3亿人参与冰雪运动，正是新时代下全民健身运动事业的重要体现。在党和国家的正确领导和在全国人民的共同参与下，3亿人参与冰雪运动，从愿景走向现实。

图4-48　北京奥运博物馆举办的地壶球比赛活动

143

在奥林匹克精神的激励和感召之下,将会有更多的人参与体育运动,全民健身将更加深刻地融入每个人的生活中。人人共享体育,体育造福人人。

活动四 "博物馆之夜"奥博精彩开讲——传递志愿服务接力棒

在2020年东京奥运会上,中国代表团顽强拼搏,展示了中国健儿积极进取、挑战无限的体育精神,最后以38枚金牌、32枚银牌、18枚铜牌的优异成绩向全世界展现了中国运动员的团队实力。运动员的赛场拼搏是精彩绝伦的,但我们也应该关注与感谢同样在奥运会现场的志愿者们,正是他们的无私参与、尽其所能、通力合作,才使整个比赛更加精彩。

"我尤其要感谢志愿者,你们让一切成为可能。"2021年8月8日,在东京奥运会闭幕式上,国际奥委会主席巴赫特意用日语对参与本届赛会的志愿者表示感谢。

图4-49 东京奥运闭幕式上,巴赫对志愿者表示感谢

为2008年北京奥运会和残奥会提供"有特色、高水平"的志愿服务是北京奥运会志愿者最直接、最重要的目标。奥运服装总设计师贺阳表示,考虑到北京奥运会举办期间北京可能比较炎热,如果志愿者们都身着红色服装,会给人炎热的感觉,容易引起烦躁的情绪,所以

选择了给人以清凉、安静感觉的"青花蓝"作为志愿者服装的颜色。北京奥运会、残奥会制服采用核心图形祥云图案，制服色彩动感流畅、欢快大方，传达了奥运理念和中国元素。2008年北京奥运会与残奥会制服的区别在于，前者制服上为北京奥运会的会徽"中国印"，而后者制服上则是北京残奥会的会徽。北京奥运会期间，参加奥运服务的志愿者达到170万人。其中，直接为赛会服务的有10万人；为北京市550个城市服务站点提供信息咨询、语言翻译、应急救助等服务的城市志愿者为40万人；在北京社区、乡镇宣传奥运知识、奥运精神，营造奥运氛围的社会志愿者为100万人；啦啦队志愿者为20万人。志愿者们用自己良好的精神风貌和细致周到的服务，感动了运动员，感动了世界，被称为"中国的形象大使"。志愿者的微笑和行动，成为北京和中国最好的名片。

图4-50　北京2008年奥运会赛会志愿者服装

奥运会的志愿服务精神在奥运博物馆得以传承。2021年"5·18国际博物馆日"中国主会场活动在首都博物馆盛大开幕。当晚的"博物馆之夜"活动中,"志愿北京 文化冬奥"主题宣讲在首博放映厅举行。老、中、青三代博物馆志愿者代表、北京冬奥宣讲团的宣讲员代表和运动员代表精彩开讲,共话志愿服务,传播冬奥文化。

图4-51 "博物馆之夜"宣传海报

8位博物馆志愿者代表讲述了自己做志愿讲解员的真实故事,他们的志愿经历令人感动,他们甘于奉献的志愿精神令人敬佩。中国首位自由式滑雪世界冠军郭丹丹和她的女儿张阳光子也相继做了宣讲,冠军妈妈传奇的运动生涯和同为滑雪运动员的女儿出色的表现赢得了全场赞叹和热烈掌声。

图4-52 "志愿北京 文化冬奥"宣讲现场

图4-52 "志愿北京 文化冬奥"宣讲现场（续）

北京奥运博物馆开放社教部主任荆惠梓作为奥博代表和北京冬奥宣讲团代表进行了题为《永远燃烧的奥运圣火》的冬奥宣讲。她为在场观众详细介绍了北京奥运博物馆。她说，这是一个可以储存记忆的地方，是真实记录北京成为"双奥之城"的地方。她还为观众讲述了两把祥云火炬背后的故事，这都是北京奥运博物馆的珍贵藏品。其中那忠老人和儿子那和利的故事让观众们无不动容，那种对国家的炙热之心和对奥运的赤诚情怀是对"爱党、爱国"的最好诠释，也让很多观众对北京奥运博物馆心生向往。

荆惠梓讲到，奥博有1.3万件奥运文物，每一件奥运文物都有它背后的故事。北京奥运博物馆多年来一直努力的方向就是："讲好藏品故事，传播奥运声音"。为了继续传承发扬奥林匹克精神，北京奥运博物馆也将集中力量发挥阵地优势，深度挖掘奥运藏品背后的内容，发好奥运声音，讲好奥运故事。

活动五 "我与奥林匹克的故事"——奥林匹克日特辑

退伍军人刘超英老师，是一名体育爱好者和文博工作者，还是一名2008年北京奥运会火炬手、奥运（体育）藏品收藏家、奥林匹克精神和文化的传播者。

图4-53　2008年北京奥运会火炬手刘超英

大多数人认识他，应该是在1992年，他与朋友们策划并以北京青年报热心读者的名义发起"奥运连着我和你"万米邮票长卷签名支持北京申办2000年奥运会活动。"奥运连着我和你"万米邮票长卷签名活动共形成主题长卷320卷，其中奥运藏卷阁收藏157卷。长卷总长度9 000余米，重量1 100千克，签名人数160万人，邮票枚数120万枚，各种火花3 500枚，收录图片14 000张，收录文字280万，收录剪报4 200张。这一发自民间的申奥工程创造了签名长卷的世界之最。

图4-54 "奥运连着我和你"万米邮票长卷(部分)

图4-55 "奥运连着我和你"万米邮票长卷部分签名

2019年4月,刘超英老师出版了《奥运连着我和你——刘超英追梦北京奥运二十七年的故事》一书,书中讲述了他以一腔热血,用"长卷签名"的方式参与北京申奥的故事。

图4-56 《奥运连着我和你——刘超英追梦北京奥运二十七年的故事》封面

随着2008年北京奥运会的成功举办，刘超英老师又相继制作了2008奥英雄卷和2008奥运会外国媒体记者签名卷，收录2008年北京奥运会中国获得冠军运动员的照片和签名，以及新闻中心部分外国记者的签名。这两幅长卷的内容更加丰富，更加精致美观，也增加了其艺术和收藏价值。

第四章
体育精神的传播

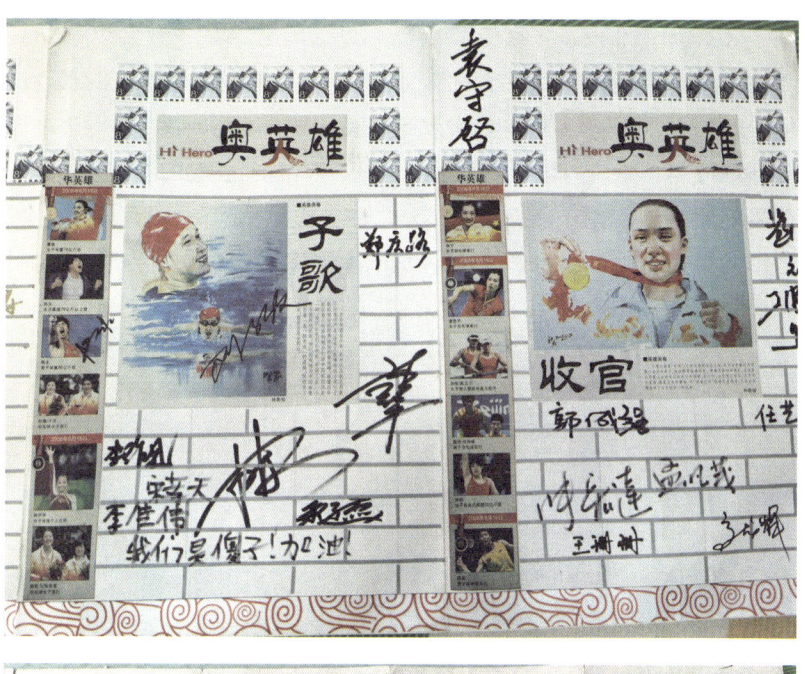

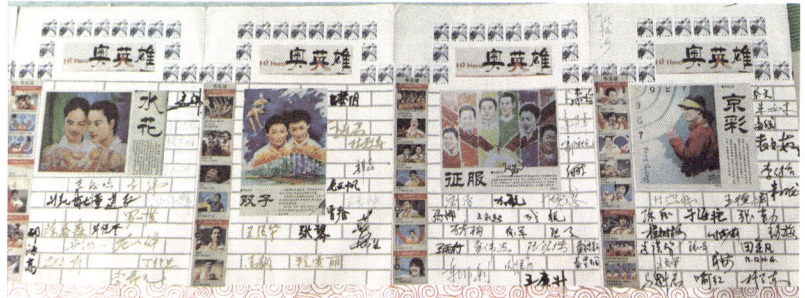

图4-57　2008奥英雄卷（部分）

2013年，北京、张家口携手申办2022年第24届冬奥会和第13届冬残奥会，刘超英老师多年的制卷经历，使他有着割舍不下的长卷情怀。2012—2018年，他的好友侯琨先生历时6年完成了"侯琨奥林匹克环球行"计划，过程中也完成了奥林匹克环球行长卷的制作。侯琨先生受刘超英老师之托，带着长卷走访了举办过夏季、冬季奥运会和夏季、冬季青奥会的全部24个国家45座城市，收获了众多国外民众、运动员和奥林匹克官员的签名，以及对北京申冬奥工作的支持。

图4-58 北京奥运宣讲团宣传员、奥林匹克文化传播大使、中国体育集邮与收藏协会秘书长侯琨

2018年7月7日零点10分，刘超英老师的另一位朋友，北京奥运达人曹大佛成功踏上北极点，并在北极点展示有北京冬奥会会徽的奥

运五环旗帜，同时还展示了"奥运连着我和你"万米邮票长卷的极地卷。至此，"奥运连着我和你"万米邮票长卷走遍了五大洲，汇集了海内外华人华侨对北京三次申奥的支持与热情。刘超英老师的奥运长卷也将海内外华人华侨的心凝聚起来，为中华民族的奥运梦、中国梦不断续写新的篇章。

图 4-59　中国民间奥运宣传人曹大佛

　　曹大佛曾率领中国唯一的一支民间奥运宣传团，走南闯北宣传北京、宣传奥运，足迹已遍及七大洲的66个国家，他被称为中国宣传奥运的"民间大使"。

　　2018年，刘超英虽然从中国体育博物馆退休了，但是他对奥林匹克精神的追求没有停止，对奥林匹克文化宣传和教育工作仍抱有极高的热情。他与大兴区高米店绿地社区居委会携手创建了"冠军之家——绿地体育收藏馆"，该馆于2018年9月7日开放。这里收藏、展示了刘超英老师丰富的个人奥运收藏。这座奥运藏品收藏馆，不仅展示了刘超英老师30多年来对中国奥林匹克事业发展的热忱，更是他传承奥林匹克精神和文化的窗口。在这座奥运藏品收藏馆里，既能看到一位体育文博人的爱岗敬业精神，也能看到一位坚持奥林匹克梦想的普通人。

　　自2020年3月6日开始，北京冬奥会倒计时700天的日子，刘超英老师戴上口罩，每天手持火炬开始了一场特殊的马拉松，他起名为"悠着点马拉松"。2020年6月23日，为庆祝第72个国际奥林匹克日，他一早发起"6·23火炬跑出五环"直播活动：手持祥云火炬沿着五环图形奔跑126圈（国际奥委会成立126周年）。未来，刘超英老师还会继续将自己2008年火炬手的角色进行下去，向更多的人传递奥运梦想，传播中国奥林匹克文化和精神，用自己的实际行动继续讲述奥林匹克故事，诠释国际奥委会"保持健康、保持强大、保持活跃"的主题口号。

活动六　奥博镇远开展，少数民族学生共享快乐冰雪

2018年9月17日，由北京奥运博物馆主办，镇远县文物局协办的"中华同梦　共襄奥运"走进贵州镇远巡展在镇远古城的青龙洞万寿宫内正式开展。

图4-60　领导参观巡展

本次展览是北京奥运博物馆第一次面向少数民族地区传播奥运文化和宣传推广2022年北京冬奥会、冬残奥会。开幕式当天，当地20名苗族、侗族、土家族的小学生兴致勃勃地参观了展览。展览中关于奥运的精彩内容深深吸引着孩子们，他们对2022年北京冬奥会充满了渴望和向往。孩子们用稚嫩的小手在卡片上写下了自己的心声："2022年我想去北京看冬奥会"。

第四章
体育精神的传播

图4-61 "中华同梦　共襄奥运"走进贵州镇远巡展现场

开幕式上，可爱的孩子们为观众们表演了极具民族特色的舞蹈《斗牛》，他们用朝气活力的舞姿展现了当地20余个少数民族的和谐与美，这与"和平、友谊、团结"的奥林匹克精神一脉相承，深度融合。

图4-62　民族特色舞蹈《斗牛》

最后，孩子们与奥博工作人员一同体验了冰雪运动的快乐和激情。孩子们非常喜欢地壶球运动，他们认真学习和努力参与的劲头感染了在场的每一位观众。孩子们还在现场打起了地壶球比赛，呐喊声、笑声、加油声此起彼伏。来自北京的冬奥冰雪文化与这座风景秀丽、历史悠久的古镇完美交融，一起焕发蓬勃的生机，一幅"三亿人参与冰雪运动"的生动画卷就此展开。

图4-63　少数民族孩子们参与地壶球运动

2018年是2008年北京奥运会10周年，也是2022年北京冬奥会、冬残奥会"北京周期"的开局之年，意义重大。此次展览将中华民族走向伟大复兴、追求奥运梦想的历程中所取得的辉煌成就作为重点展示内容，不但为镇远的观众传播了奥林匹克文化，传递全民健身、健康中国的核心价值，也为大家提供了体验冰雪运动的机会，让大家通过体验更好地了解冰雪运动，从而喜爱冰雪运动。希望通过对中国奥运文化的展示和发扬，让更多的少数民族兄弟姐妹们了解奥运、爱上奥运、参与到奥运和冰雪运动中，实现全民健身、健康中国的伟大蓝图。

活动七　北京奥运博物馆里的"非遗"展品——文化和自然遗产日特辑

为营造保护文化遗产的良好氛围，提高人民群众对文化遗产保护重要性的认识，动员全社会共同参与、关注和保护文化遗产，增强全社会的文化遗产保护意识，我国将每年6月第二个星期六设立为"文化和自然遗产日"。2020年6月13日的文化和自然遗产日，在广西壮族自治区桂林市举行了主题为"文物赋彩　全面小康"的主会场活动。

图4-64　文化和自然遗产日宣传海报

　　从古代奥林匹克运动会到现代奥林匹克运动会，从爱琴海边的奥林匹亚村遗址到2022年北京冬奥会，在上千年的历史长河中，奥林匹克运动为人类留下了无数宝贵的物质遗产：从古城遗址到现代奥运场馆群的建立；从古希腊体现力量之美的绘画艺术、体育雕塑等到现在体现奥林匹克精神和艺术的文化元素，如奥林匹克标志、旗帜、吉祥物、奖牌、火炬等。奥林匹克已经成为全人类一种共同的愿望、共同的期待、共同的祝福。随着时间的流逝，它不断丰富，不断创新，是宝贵的精神文化遗产。

　　在北京奥运博物馆里藏有一件"非遗"展品，这件藏品名为"和谐——百年奥运中华圆梦"，它是以苏绣的形式，将人文奥运理念和民族艺术相结合的典型代表,更是一件赋有极高艺术价值和历史价值的艺术作品。苏绣起源于苏州,是其地区刺绣产品的总称,也是中国传统的四大名绣之一。2006年5月20日,苏绣经中华人民共和国国务院批准列入第一批国家级非物质文化遗产名录,遗产编号为Ⅶ-18。这件艺术作品是由"苏绣皇后"姚建萍及其弟子用3年多时间创作完成的。2008年北京奥运会期间,该作品在首届奥林匹克世界博览会贵宾厅内展出,迎接海内外来宾。如今,苏绣"和谐——百年奥运中华圆梦"已经成为代表着2008年北京奥运会重要精神的实物藏品。

图4-65 苏绣"和谐——百年奥运中华圆梦"

活动八 冬奥周年庆典再创辉煌

为了全面贯彻习近平总书记在北京冬奥会、冬残奥会总结表彰大会上"管理好、运用好北京冬奥遗产"的重要讲话精神,落实北京市第十三次党代会"做好后冬奥文章"的总体部署,推动奥运遗产传承事业可持续发展,按照国际奥委会建议,由北京携手河北省联合举办纪念北京冬奥会成功举办一周年系列活动。活动由北京奥运城市发展促进会主办,北京奥运城市发展促进中心联合北京市、河北省体育和残联部门承办。

2023年2月1日,国际奥委会在其官方网站头条位置刊文庆祝北京冬奥会成功举办一周年,题目为《2022年北京冬奥会:一年来,中国人正越来越喜欢冬季项目,并在社会和经济领域享受冬奥会带来的裨益》。文章称:"北京作为第一个既举办过夏季奥运会又举办过冬季奥运会的城市,2022年给世人呈现了一届惊艳的冬奥会。同时成功吸引了近3.5亿中国人参与到冰雪运动中来。冬奥会开幕式在'鸟巢'这个2008年夏季奥运会的传奇场馆内举行,全中国人民都陷入狂欢之中。"文章写道,将中国打造成为一个新的冰雪运动胜地的目标其实早在冬奥会开始前就达成了。2021年年初中国就已经有654个标准冰场、803个室内和室外滑雪场。据中国旅游研究院预测,2024—2025年中国冬季旅游人数将超过5.2亿人,预计收入7 200亿元人民币。冬季运动的蓬勃发展带来中国社会多方面的提升。国际奥委会的文章称:"健康、休闲、社会和经济领域都随着冬季运动的发展而获益,比如对那些在冬奥会赛场周边居住的人来说,赛事给他们创造了约8.1万个工作机会。"国际奥委会奥运会部执行主任克里斯托弗·杜比说:"除了举办一届成功的赛事之外,北京冬奥会一直致力于给社会和经济层面带来机遇,这与《奥林匹克2020+5议程》的宗旨是一致的。这一年来,北京冬奥会最大的成就是让普通老百姓发现了冬季运动给他们的生活带来的变化。北京冬奥组委还尽量减少赛事对环境带来的影响,措施包括优先使用既有场馆、所有场馆使用可再生能源以及应用二氧化碳制冷体系等新科技。这些都使得冬季运动更加可持续。"

2023年2月4日晚,在2022年北京冬奥会开幕一周年之际,北京首钢冰球馆响起了主题歌《雪花》。"纪念北京冬奥会成功举办一周年系列活动"启动仪式在这里举行,活动分为冰雪再燃烧、传承北京冬奥精神、一起向未来三个部分。中共中央政治局委员、北京市委书记尹力,国家体育总局局长、中国奥委会主席高志丹等共同启动了系列活动。

"纪念北京冬奥会成功举办一周年系列活动"以"非凡冬奥路 一起向未来"为主题。启动仪式现场,开场视觉秀、冬奥歌曲和精彩短片的呈现,唤起人们对一年前北京冬奥会开幕式的美好回忆。启动仪式上,北京奥运博物馆新馆标正式发布。

在视频致辞中，国际奥委会主席巴赫首先用中文向中国人民致以新春祝福。他表示："回顾过去，中国应当无比自豪；展望未来，中国更应信心满满。北京冬奥会遗产成果已经开始惠及民众，所有奥运场馆均已面向公众开放，北京冬奥会在创新绿色科技、普及健康积极生活方式、发展冰雪运动产业等诸多领域树立新标。中国奥运人生动诠释了奥林匹克新格言'更快、更高、更强——更团结'。"

北京市委副书记、市长殷勇在致辞时表示，冬奥遗产正在转化为推动新时代首都发展的强大动能，我们将大力弘扬北京冬奥精神，发挥"双奥之城"独特优势，坚持开放创新，深化国际交流合作，大力推动新时代首都发展，努力构建国际一流的和谐宜居之都。"纪念北京冬奥会成功举办一周年系列活动"共由8项主题活动组成，主要包括"纪念北京冬奥会成功举办一周年系列活动"启动仪式、"辉煌冬奥"主题展览暨群众性冰雪运动嘉年华、群众性体育活动、奥运文化大集市、北京冬奥精神巡展边疆青少年冬奥梦想营和纪念北京冬残奥会成功举办一周年活动等内容。

2023年2月4日至3月13日，"辉煌冬奥"主题展览暨群众性冰雪运动嘉年华活动在朝阳区国家速滑馆、石景山区首钢大跳台和首钢冰球馆、延庆区冬奥村三处冬奥场馆同步推出，其中，国家速滑馆为主展区，延庆区冬奥村展区在展览开幕式现场发布延庆区冬奥可持续发展成果。本次展览以北京冬奥会和冬残奥会的申办、筹办、举办，北京冬奥精神的弘扬和冬奥遗产传承等为核心内容，分为精彩赛会、辉煌历程、冬奥精神、遗产传承四个部分，采用图文为主、实物陈列、多媒体展示、互动体验等多种形式相结合的方式呈现，并配套举办群众性冰雪活动，整个展览亮点纷呈。该展览和国际奥委会进行了深度合作，国际奥委会洛桑奥林匹克博物馆从遗产资料库图片中精心挑选并提供了156张涉及不同主题的照片和9段北京冬奥会视频，为回顾北京冬奥会提供了非常珍贵的国际化独特视角。另外，本次展览选择了三处冬奥场馆进行布展，市民在观展的同时可以近距离感受冬奥场馆的独具匠心和壮丽雄浑。展览还注重和场馆冰雪活动紧密互动,观展群众可以凭展览宣传单页免费进入场馆参观游览,或者免费体验游乐项目,从而增强旅游体验,激发参与冰雪运动的兴趣和热情,在观展的同时便利地享受到冬奥遗产成果。这也是奥运场馆赛后利用的一次探索和尝试。

2023年2月1日傍晚,"北京冬奥精神巡展边疆青少年冬奥梦想营"开营仪式在首钢园举行。本次梦想营活动是奥促机构首次面向边疆地区开展的奥运主题文化活动,同时也是边疆巡回展青少年志愿讲解活动的一次前期培训。

图4-66 "北京冬奥精神巡展边疆青少年冬奥梦想营"开营仪式

利用"纪念北京冬奥会成功举办一周年系列活动"的契机,在北京市对口支援办、对口支援三地前线指挥部和当地政府的大力协助下,主办方遴选了近30名来自新疆和田、西藏拉萨和青海玉树的优秀青少年作为骨干志愿讲解员来京参加活动。活动于2023年1月31日至2月5日举办。在京期间,三地青少年到高新科技企业感受虚拟现实、人工智能、5G等高科技手段在北京冬奥会的实际应用,到清华大学参观学习。

在"纪念北京冬奥会成功举办一周年系列活动"启动仪式中,三地青少年还和北京青少年以及来自世界五大洲的优秀演员共同演唱歌曲《让世界充满爱》。

"北京冬季奥运会的成功举办,不仅是对奥运精神的薪火相传,更是国家崛起的表征,是少年奋勇向前的精神力量所在。希望各位学子以今日之姿,承袭奥运精神,将坚持不懈的精神代代相传。"新疆和田教师代表何晔丹说。

拉萨北京实验中学学生米玛央宗在发言中说:"'北京冬奥精神巡展边疆青少年冬奥梦想营'活动,既能让我亲身感受大城市的气息、开阔视野,也更加坚定了我对理想的不断追求。"

仪式上,三地孩子分别带来了家乡的舞蹈,互赠礼物。主办方为梦想营授旗,并向孩子们颁发"弘扬北京冬奥精神,共促边疆地区发展"巡回展览志愿讲解员证书。开营仪式当天,主办方组织梦想营师生到天安门广场观看了升旗仪式,先后参观人民英雄纪念碑、毛主席纪念堂、中国国家博物馆、中国共产党历史展览馆。此外,还组织孩子们参观鸟巢、水立方、国家速滑馆等标志性冬奥场馆和北京奥运博物馆,并在国家速滑馆上冰体验"世界上最快的冰"。

图4-67 开营仪式上,孩子们表演民族舞蹈

第四章
体育精神的传播

图4-68　梦想营师生到国家速滑馆体验"世界上最快的冰"

2023年2月11日,"激情冬奥·共创未来"奥运文化大集市活动在奥林匹克森林公园南园升旗广场开幕,吸引了众多奥运徽章和纪念品爱好者前来"淘宝"、交流。启动仪式上,活动主办方发布了2022年北京冬奥会成功举办一周年纪念徽章。奥运文化大集市分为奥运徽章展示交换集市区、奥林匹克收藏展品区和非遗传承交流互动区3个活动区域。其中,奥运徽章展示交换集市区的"冰与火的澎湃·奥林匹克徽章展"展出了来自12个省市区的60位奥林匹克徽章收藏者制作的936个标准展盒,共4 000余枚徽章。奥林匹克收藏展品区里,既有2022年北京冬奥会上苏翊鸣的"黑金祥云"比赛战袍、谷爱凌参与设计并亲笔签名的"龙纹"比赛服和武大靖的"华夏战神孙大圣"训练头盔等运动员装备,也有冬奥吉祥物及历届奥运会官方海报等精美的奥运特许产品。非遗传承交流互动区则展出了北派老虎、武强年画等手工精品,更有名家现场作画,吸引了众多奥运纪念品爱好者驻足观看。

在奥运徽章展示交换集市区,收藏者夏波光表示,"活动现场见到了很多徽章收藏圈的老朋友,同时结识了很多喜爱奥林匹克徽章的新朋友,又交换到了心仪已久的限量款冬奥会闭幕式纪念徽章,非常开心,希望今后类似的活动能够经常举办。"

图4-69 "激情冬奥·共创未来"奥运文化大集市活动

奥运文化大集市活动是"纪念北京2022年冬奥会成功举办一周年系列活动"的重要组成部分，由北京奥运城市发展促进会主办、北京奥运城市发展促进中心承办、北京奥运博物馆组织实施。活动旨在通过组织丰富多彩的奥运文化、年俗文化展示及非遗互动体验活动，搭建奥运徽章、纪念品、收藏品爱好者展示交换集市，为广大群众营造参与交流氛围，唤醒大家对于北京冬奥会的美好回忆。

在"纪念北京2022年冬奥会成功举办一周年系列活动"启动仪式上，北京奥运博物馆新馆标正式发布。北京奥运博物馆的新馆标以丝带、翅膀、赛道为创意元素，进行提炼融合，整体组成"奥运圣火"的造型特征。标志主体为红、蓝双色的丝带，代表了"中国梦"与"奥运梦"的交织。同时又是两条交汇的赛道，红色代表夏奥会的田径跑道，蓝色代表冬奥会的冰雪赛道。夏奥会的热情似火和冬奥会的纯洁如雪，同时出现在一座城市，冰与火的融合是对北京"双奥之城"形象的最好表达。主体上下，两条绿色丝带诠释了绿色奥运的理念。下面的绿色丝带代表一片绿叶，表达了我国为举办两届奥运盛会建立绿色生态环境的卓越成果；上面一条绿色的赛道，表明了我国对可持续发展理念的贯彻,让北京在后奥运时期实现夏奥与冬奥遗产利用效益的最大化。

图4-70　北京奥运博物馆新馆标发布现场

图4-71　北京奥运博物馆新馆标

标志图形以律动的线条展现出蓬勃向上的生命力和"更快、更高、更强——更团结"的奥林匹克体育精神,诠释了北京奥运博物馆承载的文化特征和精神属性。张开的翅膀,传达着北京奥运博物馆雕塑藏品《飞翔》的寓意，代表着世界人民对奥运和对中国的致敬，象征着世界人民和平相处、和谐共生的美好愿景。优美飘逸的丝带巧妙构成赛道造型，凸显国际化、时尚化、年轻化，再现了赛场上的拼搏与激情，传达了不断突破自我、挑战极限的体育精神。

标志色彩采用五环五色，冷暖交汇。热情奔放的红黄渐变、冰雪世界的蓝色、生机盎然的绿色、底蕴深厚的黑色，共同奏响"世界大同、美美与共"的华彩乐章。高度凝练的"奥运圣火"造型，是整个标志的灵魂所在，焕发的圣火仿佛闪烁着奥运健儿奋力拼搏、挑战自我的身影，彰显北京"双奥之城"的独特魅力，预示着北京奥运精神薪火相传、生生不息。

第五章

北京奥运博物馆的专业化

伍

逐梦奥运
北京奥运博物馆的诞生和奥运遗产传承

公元前3世纪埃及亚历山大里亚港口城市建立的亚历山大博学园中的缪斯神庙是西方最早的博物馆。19世纪中期,到过西方的中国人越来越多,他们开始接触国外博物馆,并把其概念、功能及形式引入中国。20世纪以来,博物馆事业的不断发展,不同行业、类型、特色的博物馆层出不穷,如民航博物馆、消防博物馆、巧克力博物馆等。由于历史文化背景及综合国力的差异,各国博物馆的建设与发展存在着较大差异,人们对博物馆的认识也呈现出多元化的发展趋势。

一、体育博物馆的兴起

(一)世界上第一座奥林匹克博物馆的诞生

为了继承顾拜旦将奥林匹克的精神传播到世界各地的意志,前任奥委会主席萨马兰奇不断协调,于1993年在洛桑建立了世界上第一座奥林匹克博物馆。洛桑奥林匹克博物馆隶属于国际奥委会,坐落在瑞士洛桑的奥林匹克公园内,毗邻国际奥委会总部。它是迄今为止世界上收藏最权威、最完整、最著名、最有活力的奥林匹克运动研究和资料中心,同时也是国际奥委会的记忆库。在此可以查询到历届夏季奥运会和冬季奥运会中最详尽全面的运动员资料和成绩。其主要职责是对奥林匹克文物资料和档案进行收藏、保护和展览,开展奥林匹克研究,宣传奥林匹克宗旨,用奥林匹克精神进行社会教育,并为国际奥林匹克大家庭和公众服务。洛桑奥林匹克博物馆建设耗资6 500万美元,共分为5层,其中地上建筑2层,总建筑面积为11 000平方米,展览面积为3 400平方米。博物馆分为古代奥林匹克的历史、现代奥林匹克的历史、顾拜旦个人展、奥林匹克邮票和纪念币展和临时展厅五部分;其中的奥林匹克图书馆收藏着从国际奥委会创立至今最完整的资料,有1.8万种著作和250种杂志。在馆内图片和音像部的档案中,还保存了1.75万个小时的电影资料和40万张的图片资料。此外,博物馆内还收藏着众多价值连城的古奥运会文物，设有一个独一无二的奥运邮票展览厅，展出1.2万件世界各国发行的与奥林匹克运动有关的邮票和首日封等。每年前来参观的游客多达25万人次。

创建奥林匹克博物馆的设想最早由现代奥林匹克之父顾拜旦先生提出。1915年，当国际奥委会总部定在瑞士洛桑之后，他首次提出了要建立一个与奥林匹克运动有关的博物馆，将奥林匹克运动留给人类的宝贵物质和精神财富妥善保管，使其发挥教育青年的作用。他认为博物馆不仅仅是奥林匹克运动会的文化遗产，同时还应顺应时代发展，体现奥林匹克精神的理想。

最初的奥林匹克博物馆非常狭小，收藏也十分有限。1922年，奥林匹克博物馆被安置在一座18世纪的城堡中，但并不能满足顾拜旦先生的要求，因此，在此设立的奥运博物馆于1970年被关闭。之后，洛桑政府为奥林匹克博物馆找到了一个临时展览场所举办展览和活动。但因为博物馆的收藏品越来越丰富，修建一座现代化奥林匹克博物馆就被提到了议事日程上。1980年，萨马兰奇就任国际奥委会主席之后，他做出了一个重大的决策，即在洛桑创建一个庞大的、一流的奥林匹克博物馆和奥林匹克研究中心，这才真正符合了顾拜旦的愿望并发扬了奥林匹克精神。博物馆始建于1988年，1993年6月23日，洛桑奥林匹克博物馆正式对外开放。

（二）体育（奥林匹克）博物馆的建立和发展

洛桑奥林匹克博物馆建立后，挪威于1923年建立了霍尔门科伦滑雪博物馆，收藏有2500年以前的滑雪板和滑雪用具，以及反映极地探险的文物、用具等。1925年，德国体育博物馆建立，展示德国体操的演变历史和当时的体育成就。1936年，体育博物馆在美国出现。1953年，英国的洛德板球中心内设立了名人堂，悬挂着板球俱乐部成立以来不同时期出现的优秀运动员照片和简介，收藏有200多年历史的板球用具以及体育艺术品。1959年，日本棒球博物馆开馆，展示了棒球运动在日本的发展状况。

20世纪60年代初到80年代中期,在北美地区涌现出近百座不同规模的体育博物馆和名人堂,呈现出区域性集中爆发态势。80年代初,萨马兰奇先生继任国际奥委会主席,向各个国家奥委会发出建立奥林匹克博物馆的倡议,奥运博物馆迅速从欧美向世界各地扩展。

为纪念1988年夏季奥运会,汉城(2005年1月更名为首尔)于1990年9月在奥林匹克公园内建造完成奥林匹克博物馆。该博物馆集教育作用和娱乐作用为一体,日均接待游客在2000人左右,馆内利用高科技手段展示了奥运会从起源到汉城奥运会的历史。博物馆占地总面积为2 508平方米,共分4层,其中一层在地下。博物馆一层为临时展厅,二层展示了汉城奥运会从火炬传递到闭幕式的激动人心时刻、韩国的奥运英雄以及奥运吉祥物等,博物馆内还建造了拥有100个座位的3D影厅、餐厅及相关的纪念品商店。

巴塞罗那奥林匹克与体育博物馆是欧洲第一个城市奥运博物馆,是由西班牙教育与科学部、西班牙奥林匹克委员会和巴塞罗那省共同建造的。博物馆内收藏了近20万张照片,包括城市改造、火炬传递、奥运会及残奥会比赛内容,是1992年巴塞罗那奥运会最完整的照片库。博物馆内包括300平方米的展览大厅、120个座位的礼堂、50个座位的电影放映厅以及餐厅等设施,在弘扬奥林匹克精神的同时,通过先进的多媒体设施增加了与游客的互动性,使其成为当地开展青少年教育和娱乐活动的重要场所。

1996年亚特兰大奥运会恰逢奥运百年,亚特兰大历史中心内建造了百年奥林匹克博物馆,利用多媒体演示、图片、文物和互动展览等方式,详细记载了整个城市的变化。同时博物馆内还展示了奥运火炬和奖牌、室内跑道、雕塑、照片等,并设计了游客的大屏幕互动游戏,吸引了无数游客来此了解体验奥运文化。

德国体育与奥林匹克博物馆在1999年对外开放,位于科隆,是一座介绍运动的专门博物馆。馆内有2000平方米的展览和活动区，分为两层，介绍了许多体育运动的历史和发展变化，以长期展览和更替性展览展出的方式展现德国国内、国际和奥林匹克运动的方方面面。该博物馆的收藏重点有奥林匹克运动历史、服装、运动和比赛用具、奖章、证书、运动奖项、版画、照片、录像等，此外还有风洞里的自行车比赛、用沙袋组成的拳击场、在科隆较高的运动场上举行的足球赛的图文记录。

法国国家体育博物馆的建立最早可追溯到1963年，经历了多次迁址后，位于尼斯安联里维埃拉体育场的法国国家体育博物馆在2014年6月27日终于向公众开放。博物馆内大约有10万件展品，这些展品翔实地记录了法国每项运动的起源和发展历史，以及每项运动的冠军名人还包括与体育运动相关的绘画、雕塑、素描、海报、照片、期刊、运动服装、奖杯奖牌和运动员档案。除此之外，博物馆还注重互动性体验设施，爱好运动的游客一定能够发现自己心仪的展品，如1998世界杯决赛的足球、马塞尔塞尔丹的手套、让克劳德基利的滑雪板、诺阿的球拍和奥运火炬以及绘画和雕塑等。

日本奥林匹克博物馆于2019年9月正式开馆位于日本新宿区，在2020年东京奥运会的主会场，即新国立竞技场正对面。它不仅是融合了教育和娱乐作用的展览设施，同时也是日本奥林匹克委员会（JOC）宣传奥运文化的新基地。馆内采用当时最先进的互动技术，游客可以通过参观、接触及体验的方式，深入了解奥林匹克精神、奥林匹克运动的悠久历史。日本奥林匹克博物馆一共有两层，设有介绍日本选手奥运参赛历史的展区、播放历届奥运会开幕式影像以及可以实际体验的放映室以多种方式宣传奥林匹克文化。

美国奥林匹克和残奥会博物馆建筑占地6万平方英尺（约5 574平方米），其中包括2万平方英尺的展厅、一座设施先进的剧院、活动空间以及咖啡馆。博物馆的设计灵感源于美国国家队队员们的活力与优雅，以及博物馆兼收并蓄的价值观。馆内动态的螺旋步道使参观者能够沿着连续的路径由上而下地穿越每一个画廊，凭借这一主要的组织结构，该项目得以跻身世界上通达性最高的博物馆之列，保证了普通游客与残障人士能够获得同样的流畅体验。该馆独特的规划和设计全新的技术展示手段，使其开放仅数月就赢得了世界的广泛盛誉。

雅典奥林匹克博物馆的特点是展品、情感、象征和纪念品的均衡组合，每一步都能激发游客的兴趣。它以一种突出的叙事方式开始，穿越时间和神话、历史和事实，突出奥林匹克理想的三个关键时期：诞生（古奥林匹亚）、复兴（1896年雅典）和奥运会回归希腊（2004年雅典）。构建了完整的奥林匹克运动发展史的展览体系，吸引了许多国内外游客前来参观。

（三）体育（奥林匹克）博物馆建立的艰辛之路

建设一座体育（奥林匹克）博物馆，能够方便体育藏品、奥运文物的长期保存，全面系统总结奥运经验，弥补人们未能亲临奥运现场的遗憾。正因为拥有这些优点，所以现如今的奥运会、亚运会、青奥会，甚至世博会等国际性赛会举办之后经常建设相关博物馆。以奥运为主题的博物馆在赛事结束后是否真的能得到充分利用，履行自己的使命？让我们来看看美国和英国的案例。

由于经济危机的影响，美国奥运艺术博物馆于2011年关闭，并且不得不出售掉全部藏品。英国则在2012年奥运会结束之后计划建设奥林匹克博物馆，其目的一方面是要保存奥运会"永久性遗产"，另一方面则是要纪念伦敦成为世界上唯一举办过三届奥运会的城市。据2012年3月1日《温州都市报》的报道："'英国奥林匹克博物馆'建成后将包含一个奥运冠军展示区，通过视频回放等方式，带领大众重温2012年伦敦奥运会的经典瞬间。此外，博物馆还将展示伦敦举办1908年、1948年奥运会时的历史资料，以此向青年人传递奥林匹克的精神和价值。"英国奥林匹克协会主席科林·莫尼汉也表示，英国奥林匹克协会将着力吸引奥运会赞助商投资1 600万美元用于博物馆的建设和前三年的运营，这家位于伦敦东部奥林匹克公园内的标志性建筑"轨道塔"旁的博物馆于2014年开放。但2023年3月之后，这家博物馆却没有下文了。后奥运时代，奥林匹克博物馆如何建立和生存下去确实是一个值得思考的问题。

二、中国体育博物馆发展状况

近现代意义的公共博物馆随着西方列强的坚船利炮来到中国后，近代中国人在变革图强的奋斗历程中，注意到了公共博物馆的社会教化作用，将视其为启迪民智的社会文化机构。1905年，中国近代著名实业家张謇在家乡南通兴办南通博物院，是中国近代史上中国人自办公共博物馆的楷模。

早在新民主主义革命时期，中国共产党在瑞金就建立中央革命博物馆，在延安征集红军历史文献和实物；抗日战争中，从日寇虎口夺下《赵城金藏》等珍贵文物；解放战争时，中国共产党制订周密战略计划，避免北京、上海、青岛等文化名城毁于战火；我国各界人士对历史文化遗产的珍视一脉相承。

社会主义革命和建设时期，中央人民政府接连颁布法令，构建文物保护制度体系。在国家财政极为紧张的情况下，拨专款调查、抢救、保护重点文物并筹建博物馆纪念馆，在此背景下，重要考古发现和研究成果不断出现，近代以来中国文物被掠夺、被破坏的历史彻底结束。

改革开放和社会主义现代化建设新时期，以1982年《中华人民共和国文物保护法》颁布实施、1985年中国加入联合国教科文卫组织《保护世界文化和自然遗产公约》为标志，文物事业全面步入法制化的轨道，逐步走向国际舞台，国内的文物资源情况基本摸清，对文物的依法保护管理基本实现，基于考古实证的中华文明5 000多年脉络基本廓清，普惠均等、免费开放的博物馆纪念馆体系基本构建。

进入新时代,以习近平同志为核心的党中央把文物工作摆到更加突出的位置,党的二十大报告将"加大文物和文化遗产保护力度"作为坚定文化自信的重要内容写进报告。习近平总书记多次发表重要论述,作出上百次重要指示批示,引领文物事业努力走出一条符合中国国情的保护利用之路。

(一)高速发展的中国体育博物馆

体育博物馆在促进体育事业发展、发展经济、提升城市形象和品牌、增强民族自信等方面都有着不可替代的作用。体育博物馆承载着华夏五千年文明与爱国情怀,不仅是历史、文化、艺术的宝库,更是民族精神、爱国精神与体育精神的神圣殿堂。体育博物馆是城市的名片,是社会的会客厅,唯有站在更为宏大的角度和阶层,才能真正认识到体育博物馆的引领作用。

"博物馆是一个可以供参观者排除疑虑、了解历史、展望未来、体验当今现存价值的场所。"前任国际奥委会主席萨马兰奇在其回忆录中这样描述博物馆,"奥运会是一项震撼整个世界的活动,它应该有一块属于自己的地盘,一个展示自身形象的窗口,同时也是奥运和世界体育运动发展的一面镜子,在此聚集富有教育精神的各种实物,他们是体育运动辉煌灿烂的写照。"萨马兰奇还直接呼吁并促成了多个国家建立体育(奥林匹克)博物馆。

截至2020年底,我国共有5 788家博物馆,其中近90%免费开放,县域覆盖率达到76%,博物馆年举办展览数量、年参观人次分别增长144%、119%,346万件(套)馆藏文物信息对外公开。其中各类体育博物馆仅有31家,在国内博物馆总数中占比不足1%,数量相对较低,开放程度不高,馆舍面积小,藏品数量少,这让体育类博物馆的处境更加艰难。在这31家体育类博物馆中,武术类博物馆有5家,分别为霍元甲纪念馆、上海体育学院中国武术博物馆、太谷县传统形意拳国术博物馆、大连武术文化博物馆、梁山武文化博物馆;棋牌类博物馆4

家，分别为上海棋牌文化博物馆、深圳市棋国象棋博物馆、开封市至善围棋博物馆、洛阳围棋博物馆；以体育为名称的博物馆9家，分别为中国体育博物馆（已闭馆）、山西省体育博物馆、陕西体育博物馆、上海体育博物馆、天津市体育博物馆、广州体育文化博物馆（广州亚运会亚残运会博物馆）、大连体育博物馆、西安市红色体育博物馆、澄迈县天福体育博物馆；奥林匹克专题博物馆6家，分别为何振梁与奥林匹克陈列馆、厦门奥林匹克博物馆、天津大港奥林匹克博物馆、天津市静海区萨马兰奇纪念馆、南京奥林匹克博物馆、北京奥运博物馆；风筝专题博物馆3家，分别为潍坊风筝博物馆、南通风筝博物馆、南通啸天风板鹞风筝艺术博物馆；其他体育专项博物馆4家，分别为北京空竹博物馆、西乌珠穆沁旗男儿三艺博物馆、齐文化博物馆（临淄足球博物馆、临淄中国古车博物馆）、国际乒联博物馆（中国乒乓球博物馆）。这稀有的31家体育博物馆中，虽然都在文物局备案，但有数家博物馆在互联网上查询不到任何信息，如基本情况介绍、地理位置、开放参观时间、联系电话等基本信息均无法查到。

  中国体育博物馆是我国第一座收藏、陈列、研究、宣传体育文物和体育史料的专业博物馆，位于北京奥林匹克体育中心。博物馆于1983年由当时的国家体委（现在的国家体育总局）决定筹建，并被列入1990年北京第11届亚运会奥林匹克体育中心的建设计划。博物馆1988年8月动工，1990年9月22日对外开放。博物馆建筑面积为7 100平方米，展出面积为2 510平方米，拥有一个中央大厅和四个展厅，展出内容分别为中国古代体育、中国近代体育、新中国体育成就、奥运争光。博物馆藏有古今体育文物逾4 700件，珍贵体育文物图片逾5 000幅，是宣传和研究中国体育文化的多功能综合性新型社会教育阵地和了解中国体育的一个重要窗口。博物馆还可办各种临时展览，每年来馆参观的观众超过20万人次。但由于中国体育博物馆在建造过程中存在赶工期的情况，即边勘察边设计边施工。到2005年时，地基已出现不均匀下沉，85%以上的地板和墙体出现贯通性开裂，承重钢梁断裂的问题，存在重大安全隐患。博物馆在国家体育总局体育文化发展中心领导下闭馆，进行新馆的筹建，目前已完成功能结构、面积需求、展陈内容的论证。根据初步规划方案，中国体育博物馆新馆建筑面积约2万平方米，内设中国古代体育厅、中国近代体育厅、新中国体育厅、民族体育厅、奥林匹克与中国厅、体育集邮厅、体育艺术厅、武术厅、中国优势项目厅、体育纪录厅10个陈列展厅和3个临时展厅。

中国乒乓球博物馆位于上海市黄浦区世博园，馆内共有藏品12 000余件，并配有先进的VR互动体验区、多媒体互动区和3D影院。南京奥林匹克博物馆以"回望历史、交融文化、见证成长、分享惊喜"为设计理念，致力于打造江苏、南京的体育文化名片和全省青少年体育文化教育基地，现有藏品1 401件（套）。上海体育博物馆内展出珍品1 200多件，历史图片500多幅。陕西体育博物馆位于陕西省体育训练中心园区内，2011年12月24日开馆，是全国第一个省级通史性体育博物馆，见证着源远流长的陕西体育历史。其中展现的延安时期的红色体育历史，为新中国的体育事业奠定了坚实的基础。临淄足球博物馆位于足球起源地——山东省淄博市，博物馆系统展示了2 400多年以来足球的起源、发展和传播过程，浓缩了中国的蹴鞠文化史、体育文化史和世界足球史。

厦门奥林匹克博物馆是由国际奥委会和中国奥委会批准成立的中国第一家奥林匹克专题博物馆，也是国际奥林匹克博物馆联盟成员之一，为独立的国际化非营利性公益机构。博物馆由国际奥委会委员、世界著名建筑专家吴经国先生多年筹划、设计、创建并亲任馆长。馆内收藏了丰富的奥运会相关文物，旨在传播奥林匹克文化、弘扬奥林匹克精神，让更多的人了解、感受和分享奥运的历史与辉煌。博物馆呈开放结构，主体建筑分上下两层，设计上继承了瑞士洛桑奥林匹克博物馆的理念。馆内一层大厅为公共区域，配有多媒体报告厅、VIP会议室、咖啡休闲厅及可经营国际奥林匹克和历届奥运题材的特色纪念品商店；二层由一个序厅和四个展厅组成，分别为奥运的过去、现在和未来。大部分展品为吴经国先生担任国际奥委会委员30多年来个人收藏的奥林匹克相关文物及纪念品，包括奥运火炬、奖牌、邮票、徽章、纪念币、吉祥物等，共计1 000余件。博物馆主要功能是宣传奥林匹克文化并向公众展示奥林匹克历史及珍品文物，让公众了解到更多奥林匹克信息和知识，更近距离地接触奥林匹克，体会"更快、更高、更强"使人超越自我、奋发向上的健康人生哲学，以及重在参与、公正、和平的奥林匹克精神理念。

2009年9月27日，天津大港奥林匹克博物馆正式开馆。天津大港奥林匹克博物馆为国际奥委会批准的奥林匹克专题博物馆，也是国内继厦门奥林匹克博物馆之后第二家奥林匹克博物馆，是一个独立的国际化非营利性公益机构。博物馆地处天津市滨海新区官港湖，整体项目由4 858平方米的博物馆项目和约6 000平方米的艺术馆项目构成。天津大港奥林匹克博物馆的主题建筑设计继承了洛桑奥林匹克博物馆的理念，三个展厅贯通连接的设计形式在世界上的体育类博物馆中当属首例。其中一层大厅为公共区，设计有咖啡休闲厅、餐厅、环幕影院以及可经营国际奥林匹克和历届奥运题材的特色纪念品商店。二层由三个展厅构成，分别是奥林匹克之路、奥林匹克之树和奥林匹克之魂，三个展厅展示了吴经国多年收藏的共计600余件奥林匹克私人收藏品。

南京奥林匹克博物馆的建立以第二届南京青奥会的举办为契机，它于2014年8月17日开馆，建筑面积7 896平方米，主展区面积5 034平方米。作为南京青奥会遗产的重要组成部分，南京奥林匹克博物馆以"回望历史、交融文化、见证成长、分享惊喜"为设计理念，以"百年薪火·青春南京"为主题，展示了1 000余件珍贵展品，照片近400张，雕塑6个，还有多媒体点位29个。

图 5-1 天津大港奥林匹克博物馆

图 5-2 天津大港奥林匹克博物馆展厅

图5-3 天津大港奥林匹克博物馆序厅

图5-4 2010年温哥华冬奥会吉祥物

2009年8月，青岛奥帆博物馆正式开馆。奥帆博物馆以第29届奥运帆船比赛为核心，以奥运帆船比赛的历史渊源与发展脉络为线索，以中国的百年奥运梦想为铺垫，集中展示青岛配合北京申奥、迎奥、办奥的全过程。博物馆建筑面积9 359.8平方米，地上两层，地下一层，共分为室内展区和室外展区两大部分，室内展区面积约为3 500平方米，根据功能定位分为序厅、序厅辅陈展区、基本陈列展区、专题陈列展区、互动教学区、交流展厅、学术活动厅、公共服务区8个部分。奥帆博物馆的定位是以奥运帆船比赛及奥运帆船文化为主线，以实物、图片等资料为基础，以现代化展示手段为补充，形成室内展览与室外场景互动的国家级奥运遗址类大型专题博物馆。不过，从2022年11月26日起，青岛奥帆博物馆临时闭馆。

  筹办10多年的上海体育博物馆于2021年7月从陈列室正式升级为博物馆，这也是中国体育博物馆发展历史上的一桩大事。上海体育博物馆位于南京西路150号上海市文物保护单位体育大厦内。体育大厦原名西侨青年会大楼，始建于1928年。在保护好历史风貌的前提下，建设团队反复论证，将体育大厦1层至3层总建筑面积约为2000平方米的空间进行重新规划和布局设计。参观之余还可让观众领略上海体育博物馆同国际接轨的"海派风范"。全新的上海体育博物馆拥有历史之舟、奥运之光、活力之城和未来之窗4个主展厅，全馆展陈面积为1 813平方米，包含1 200多件展品和500多幅历史图片。除了精品的实物展览，还有现代感十足的VR游戏体验和互动展示区域。从"未来之窗"展厅的两个窗口，可以预览上海体育未来的发展：一个窗口是沉浸式沙盘，展现的是"十四五"时期上海市公共体育设施布局，以及部分现在和将要建成的地标性体育建筑；另一个窗口是智慧大屏，可以查询市区两级体育场馆的详细信息和展馆内任一件展品的信息，还可以连通全市体育设施管理服务平台，了解全市五类公共体育设施的分布情况、每日巡查维修情况和各区实事工程建设情况。这是近年市体育局推进数字化转型的一项成果，也是与全市"一网通办""一网统管"紧密联系的一个重要项目。2023年1月，上海体育博物馆入选首批国家体育科普基地名单。

  萨马兰奇纪念馆坐落在中国天津市静海县团泊新城西区健康产业

园，于2013年4月21日对外开放。纪念馆由吴经国先生创办，是世界唯一一座得到萨马兰奇家族授权和国际奥委会批准的纪念萨马兰奇先生、传播奥林匹克精神的场馆。萨马兰奇纪念馆现为国际奥林匹克博物馆联盟正式成员，并已被列为国家4A级景区。

图5-5　天津萨马兰奇纪念馆

图5-6　奥林匹克雕塑公园

图5-7 萨马兰奇纪念馆展厅

图5-8 萨马兰奇纪念馆展厅

荣高棠,河北省霸州市人,是新中国体育战线杰出的老领导人。荣高棠陈列馆坐落于霸州市体育中心的中轴线上,占地面积39 220平方米,建筑面积6 338平方米,布展面积5 000平方米。纪念馆主体为一个下大上小的圆柱"基座"形建筑,凝固于"基座"之上的"旗帜"型设计和端部镌刻的五角星状图案,象征了荣高棠作为杰出的中国共产党党员,一生忠诚于党和国家的体育事业,呕心沥血,帮助我国体育运动的发展立于世界体育之林的信心、决心和勇气，充分展示出荣老在祖国体育事业上努力实干的拼搏精神。荣高棠陈列馆不仅是人们瞻仰、观光新中国民族体育复兴，跻身世界体育强国的追思之地，更是一所进行爱国主义教育的宏大体育展馆。

图5-9　荣高棠陈列馆

北戴河轮滑博物馆是亚洲第一座轮滑专项博物馆，建筑面积约721平方米，2008年8月15日正式对社会免费开放。北戴河轮滑博物馆展出空间分为中央精美厅、世界近现代轮滑发展史、世界现代轮滑发展简史、中国轮滑发展简史、北戴河轮滑风情、多姿多彩的轮滑运动、世界当代轮滑发展简史7个陈列厅，以展览鉴赏、体验交流、研究测评、综合服务为宗旨，集权威性、知识性、学术性、互动性于一体，把收藏、展览、研究、测评和宣传教育功能有机结合，形成基本陈列、专题陈列和临时展览互为补充的陈列体系，从多角度向公众展示轮滑运动和文化，成为宣传和推广轮滑运动与文化的多功能性综合设施，是全面了解国内外轮滑发展的一个重要窗口，也是中国一个重要的体育运动专门博物馆。

图 5-10　北戴河轮滑博物馆

中国崇礼冰雪文化博物馆建于张家口崇礼县旅游服务中心地下及一层，位于县城北部的旅游商贸新区，建筑面积 6 031 平方米（地上 4 170 平方米，地下 1 861 平方米），其中主展区面积 2 600 平方米，是全国最大的，集珍品馆藏、冰雪娱乐、互动体验等功能于一体具有国际化标准的冰雪展示和体验中心。博物馆共分为固定展陈、展销、临时展厅三个展区和梦回远古雪域、见证滑雪发展、雪都成长实录、滑雪训练营地、领略冰雪风采、感受极致视听、冰雪体验场地、再游冰雪崇礼 8 个部分。

图 5-11　中国崇礼冰雪文化博物馆

第五章 北京奥运博物馆的专业化

图5-12 中国崇礼冰雪文化博物馆室内（一）

图5-13 中国崇礼冰雪文化博物馆室内（二）

　　北戴河奥林匹克大道公园是弘扬奥运精神、传播奥运文化的精神花园。公园以休闲健身、旅游观光为特色，主要景观由主题雕像，音乐喷泉，58件单体雕像，奥林匹克浮雕墙，以及30位历届奥运会获得冠军的中国运动员掌印、足印及签名等组成，生动地展示了奥林匹克发展史，弘扬了奥林匹克精神。公园内建有集速度轮滑、轮滑球、花样轮滑、平地花式等多项运动为一体的国际标准化轮滑场地。同时，园内还铺以适合不同年龄人群活动的各种球类、棋类等体育、休闲配套服务设施。

图5-14　北戴河奥林匹克大道公园

图5-15　北戴河奥林匹克大道公园内浮雕

图5-16　北戴河奥林匹克大道公园内运动雕塑

图5-17　奥运冠军邓亚萍签名、手掌印和赤脚掌印

（二）异彩纷呈的体育博物馆文化活动

图5-18　北京奥运博物馆举办"百日击磬盼冬奥"活动

图5-19　天津大港奥林匹克博物馆举办奥林匹克明信片展览

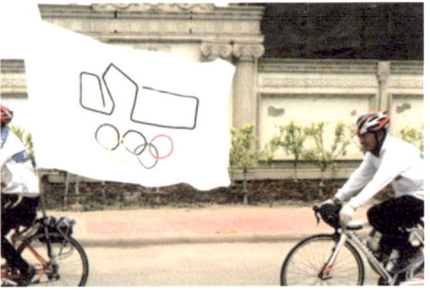

图5-20　天津大港奥林匹克博物馆举办"弘扬奥运精神、低碳环保骑游"活动

图5-21 萨马兰奇纪念馆校园巡展走进金钟小学

三、新时代体育博物馆的特点

（一）重要的信息资源优势

随着世界文化多元化发展，全球文化一体化的趋势日益明显。体育博物馆作为各国体育文化传递与交流的重要工具，能够对人类社会生活中的体育文化进行整理和记录，并加以深入的分类、剖析，得出自己的阐述和诠释，方便体育文化的保存、传输和交流。具备原始性、可靠性与权威性等特质的"原始记录"使得体育博物馆在研究人类体育发展史上具有重要的信息资源优势，可以为学术研究提供丰富的材料和重要的方向指引。时至今日，信息传播的载体和媒介有很多，相对于传统的书籍和杂志、娱乐性强的电影电视节目和瞬息万变的网络通信，博物馆以其对体育文化的独特阐释、对文物的独特解读以及永久收藏和不断再研究等特点，仍然能吸引到特殊的观众群，有着其他媒介所不具有且不可替代的优势。

(二)形式多样，寓教于乐

体育博物馆注重将体育活动的娱乐等功能以及体育实践活动引入其中，寓教于乐是其主要特点。体育博物馆从现代社会的实际需要出发，打破体育、艺术等文化形式之间的界限，举办各种形式的文化活动，并利用观众资源开展全方位的经营服务，这是一种面向全社会的，体现体育平等、竞争、参与精神的，博物馆与观众双向受益的，能够实现体育博物馆自我发展的新型功能模式。该模式中的展示宣传功能、教育功能、指导功能，使观众在观展过程中，有所收获，能激发观众对体育事业的关注。随着博物馆事业的发展和人类文化的进步，博物馆领域日益丰富，而体育文化本身极易引起共鸣，再结合日益新颖的设计手段，体育博物馆中的学术性、艺术性、互动性、娱乐性，将越来越强，能够更好地实现传承文明、大众受益的宗旨，但也面临着更大的挑战。

(三)注重深度的学术研究

体育博物馆收藏的体育文物是各国各时代体育文化的精髓，集中而有效地展现了历史上各个时期体育文化发展的累累硕果，展示了体育文化的发展历程，能够挖掘源远流长的体育历史，为人民的体育健身和体育知识的普及服务。体育文化作为人类物质文明与精神文明的概括和提炼，我们应当对这些历史积淀的优秀文化成果进行研究与探讨，更加清晰地把握人类体育文化发展的规律，促进体育科学的研究与进步。

学术研究是博物馆事业发展最为关键的一个环节，它是博物馆一切业务活动的基础，更是打造精品展览的关键。博物馆的藏品需要进行一系列的科学研究，才能将自身蕴含的历史文化信息和科学、艺术价值转化到陈列展览中，让观众汲取知识、享受藏品带来的美感。一个成功的展览，必须依托高质量的学术研究，只有学术研究成果丰硕，才能厚积薄发，提升展览品质。

博物馆的学术研究是多层次、多学科的综合研究。一方面，要从微观上研究藏品本身，既要对藏品进行个体的单项研究，即研究具体的单个藏品，又要进行群体的综合研究，即对一组文物或同一类型的文物进行综合研究或比较研究。另一方面，还要从宏观上对相关学科进行研究，依据藏品，从较高层次探索某些学术问题。博物馆学术研究涉及的学科领域相当广泛，包括博物馆学、历史学、生态学、美学、政治学、经济学等，通过对这些学科的综合性研究，可以进一步深化藏品研究的内容，最大限度地揭示藏品蕴含的文化内涵。这不仅是体育博物馆科学研究水平的重要体现，更是打造精品展览的基础和依托。

（四）动静相宜，科技融合

在娱乐化和信息化的时代，博物馆通过动静结合的方式，借助让参观者亲身参与的展示手段来传播信息，具体形式为情景再现、视听装置、模型、全景式绘画以及各种新媒体呈现手段，与展品、图文形成有力的对比，相得益彰。

当今时代，智能化、信息化、数字化、可视化成为新的展示潮流，通过交互技术、环境模拟、虚拟现实等展示手法，能够在展示方式上实现创新，更新人们对时间和空间的感受，将原本枯燥而平淡无奇的数据和文字转换为观众易于感知和体验的虚拟场景，从而直观、形象、准确地表达展示内容，达到感官体验的个性化。更加全面、立体和有新意地陈列展品，推动数字技术的发展和应用，也是当代体育博物馆急需推动的重要发展方向。

放眼世界，体育类博物馆中出现了诸多展示设计的新形式和新态势，如触摸屏、媒体播放系统和娱乐体验设备（如3D、4D影院，环幕影院，球幕影院，视听播放设备等）、多媒体沙盘模型、人机互动装置、网络传递装置、拼图、问答、益智游戏等，通过计算机技术、互动装置、软件开发等一系列工作实现了展览的动静相宜。在博物馆的媒体传播系统中，可以分为电脑触摸屏、多媒体投影、幻影成像、三维动画四种形式，而语音导览系统、手机导览系统、无线射频技术、定向讲解装置等导览形式，也使得接受展览的导视信息变得更加便捷和有趣。超媒体打破了传统的单一媒体界限和传统思维，将各种媒体形式整合形成一份超级力量，使得体育类博物馆的发展可以上一个新的台阶。

（五）以人为本，注重学科交叉

体育博物馆研究对象丰富，学科综合性强。博物馆展示设计对形态与空间设计理论、视觉传播学理论，以及展品陈列方式、展具设计及材料运用、色彩的选用、采光与照明的形式、装饰和宣传品的设计、多维度空间展示设计、人与博物馆空间环境的关系，都有很高的要求，都应细致认真地做出研究和思考。博物馆气氛的营造、作品的解说、环境的布置等细小的层面，还需要专业的"翻译者"正确的表达，以有效呈现作品的原型以及意义。

在体育博物馆展示设计的过程中，工作人员需要收集、加工、整理人机工程的相关信息，以便于更好地将展览中的元素进行组织，使之成为观众能够接受的结构、形式、视觉符号等。也就是说在设计中，应充分研究观众的平均身高、视域等生理因素，以及人体与空间的比例关系、人与环境之间的关系，保证观众具有最好的参观体验。同时，还要考虑展陈密度、展品的大小、展示的形式以及观众类型等因素影响。在这之中，展示设备的选用起到了重要作用，如展台、展墙、展架、展柜、展板等，能够更好地渲染展品的"性格"和"表情"，展示设备在承载展品的同时，还起到了分割和创造展示空间的作用。展示设备的标准化、组合化、方便化，可以使各设备之间具有通用性，构件可以互相替换和组合，便于展台的安装与拆卸。

相对于人们一生所受的教育来说，在参观博物馆的一两个小时中，学习到的知识在我们的人生中所能发挥的作用微乎其微，但动机是最好的老师，是学习的起点。通过博物馆的教育和互动功能，使参观的观众表现出浓厚的兴趣，这一点在孩子的身上最容易被体现。"我以后要成为一名优秀的体育运动员"，这样的动机超越了参观的短暂时间，成为教育的重要影响因素，而这一影响是不能被评估和量化评价的。未来，可以使博物馆超越展览的院墙，成为各种活动的一个跳板，进入一个尽可能广泛的其他媒介的范围，如书籍、杂志、电视广播节目、电影、儿童玩具和游戏、学术会议、辩论会、研讨课程、音乐、造型艺术等，通过不同角度的审视中，来丰富博物馆的服务，确立博物馆自身的魅力和作为学术交流、传播及娱乐活动中心的地位，增强博物馆对观众的凝聚力。

四、参与互动，乐享体育文化

（一）体育梦　强国梦——庆祝全运会举办60周年

1959年9月13日至10月3日，中华人民共和国第1届运动会在北京举行，从此开启"全运会"辉煌的历史，后来全运会成为国内水平最高和规模最大的综合性运动会。1965年、1975年和1979年，在北京又举行了第2届、第3届和第4届全运会。从1983年开始，全运会由北京、上海和广东轮流举办。1983年第5届、1987年第6届全运会先后在上海和广东举行。从1993年开始，全运会推迟两年，在奥运会后一年举办。随后，1993年第7届、1997年第8届和2001年第9届全运会先后在北京、上海和广东举行。从2005年开始，取消了"全运会由北京、上海和广东轮流举办"的限制，全运会开始在中国其他省、市举办。2005年第10届、2009年第11届、2013年第12届和2017年第13届全运会先后在江苏、山东、辽宁和天津举行。

2015年12月29日，国务院办公厅同意陕西省承办2021年第14届全国运动会。继北京、上海、广东、江苏、山东、辽宁、天津之后，陕西成为第八个承办全国运动会的省份，也是我国中西部地区首次承办全国运动会。

2019年9月13日，在陕西省体育场东侧的朱雀网球羽毛球中心，特举办以"体育梦　强国梦"为主题的庆祝全国运动会举办60周年展览。此次展览分为辉煌六十年、共筑强国梦和精彩十四运三个版块，陈列着历届全运会的照片、实物、影像作品等珍贵资料，全方位地展示了全运会60年来的发展历程。

走进展厅，迎面看到是陕西全运会的吉祥物，朱鹮、熊猫、羚牛和金丝猴。一条化身60的金色飘带，在吉祥物们的簇拥之下，拉开全运会的60年风雨历程。在展厅的中间，最显眼的地方，依次陈列着历届全运会的火炬。第4届全运会首次进行了火炬传递，被称为"新长征火炬接力"，此后的几届全运会，均保持了这一传统。每一届全运会火炬的外观都不一样，在表面都描绘着此届全运会的会徽。早期全运会火炬造型简单，颜色以银白色为主；后来的全运会火炬造型丰富，大量融入了举办地的文化元素，成为每一届全运会的重要象征物。第11届全运会的火炬外形就从"如意"演变而来，取"如意和谐，吉祥美好"的寓意。火炬整体由金银两色组成，出火口借鉴元代青花瓷的荷花纹，壳体采用汉代柳叶纹进行装饰，突出举办地济南"四面荷花三面柳"的城市特色。

除此之外，在这里还可以看到历届全运会的吉祥物、宣传海报、纪念邮票、秩序册、节目单、幻灯片等珍贵实物，以及反映历届全运会运动健儿风采的照片、签名和衣物等珍贵资料。同时，这里还展出了陕西省体育博物馆收藏的11件（套）体育题材的古代文物、22件由西班牙女雕塑家罗莎·萨拉创作的奥林匹克运动雕塑、21张珍贵历史照片和延安革命时期体育运动的视频资料等，极大地丰富了展览的内容，提升了展览的观赏和艺术性。

从1959年到2019年，从第1届到第13届全运会，从首都北京到西部省份陕西。全运会每一步的成长，都伴随着我国体育事业的发展和综合实力的强盛。

该展览由陕西省体育馆负责讲解接待、文物藏品布展和安全保卫等任务，翔实的展览内容、细致的讲解、高质量的接待得到领导们高度肯定和观众一致赞赏。

图5-22 "体育梦 强国梦"庆祝全运会举办60周年展览展厅

(二)体育庙会乐享体育氛围

2018年2月22日,首届中国体育庙会在海南三亚圆满落幕。本次庙会共历时7天,主会场游客超11万人次,主会场和蜈支洲岛、三亚水稻国家公园、三亚启迪冰雪中心三大分会场合计游客突破20万人次。在南国的碧海蓝天以及两大舞台的交相辉映下,数十个品牌展区、50余档表演项目以及7个互动节目满足了各路人群的体育及娱乐需求。

这场体育庙会由国家体育总局、海南省人民政府主办,国家体育总局宣传司、海南省文化广电出版体育厅、三亚市人民政府承办的中国体育庙会,以办成让百姓满意的惠民实事,给百姓带来欢乐、健康、实惠、幸福为目标,在各个方面都取得了创新性突破。全程组织并参加了体育庙会的国家体育总局宣传司领导表示:"面对春节年味越来越淡的现实,我们有责任和义务创新春节的新的表达方式。庙会是春节传统的表达方式,但是过去的庙会只能逛逛看看,我们今天的体育庙会是让大家共同参与和互动,感受体育的无处不在,乐享体育文化。"

活动期间,众多奥运冠军、世界冠军和文化名人来到现场开展了全方位的互动,与广大游客一同参与现场丰富多彩的体育项目,分享体育乐趣。

庙会上除了能够欣赏各路娱乐大咖的精彩表演,游客还能亲身体验各种体育活动——投壶、打陀螺、弹珠球、射箭、投篮球、打沙滩排球、打乒乓球、大众攀岩等都可随意免费玩。中国女排原队长惠若琪不仅参与了排球亲子活动,还体验了一把古人投壶活动,两届奥运冠军吴静钰也与游客一起参加了投壶等传统体育体验活动。一位游客连用三个"没想到"表达对体育庙会的赞赏,"没想到能看到这么精彩的体育表演,没想到有这么多可以参与的体育活动,没想到能感受到这么热闹的过年氛围。"

这次体育庙会使游客对中国传统的体育活动有了深刻的认识,许多境外游客也纷纷参与其中,他们对这些既古老又新颖的体育活动深感兴趣,感叹中国传统体育文化的深厚伟大。首届中国体育庙会设立的体育艺术殿堂中的著名艺术家免费送福、送对联活动也大受欢迎。与此同时,还展出了收藏家李祥先生收藏的10余件古代投壶、古代陀螺及50余件奥运火炬及奥运珍藏品。

中国体育庙会打造国内首个新春体育节事IP,是首次将体育和旅游、科技、文化、教育、娱乐进行跨界融合,打造集运动竞技、民族体育表演、玩乐购体验为一体的春节体育盛会,这种全新的内容模式使广大游客在新春佳节感受到年味与潮流结合的魅力,更近距离感受到体育带来的昂扬向上、团结拼搏的正能量。

中国体育庙会还以全方位的立体传播,实现活动内涵的生态渗透表达。中国体育庙会战略合作伙伴阿里巴巴集团聚划算事业部,联动9大阿里生态成员力量,吸引超过100万人次线上线下参与全民运动,每日淘宝直播、优酷直播观看人数超过40万。截至2018年2月22日,"中国体育庙会"官方微信公众号"粉丝"累计关注人数超过25 000人，官方微博"粉丝"累计关注人数超过65 000人；体育庙会宣传片总播放量超过百万，"体育打call""明星祝福""体育情感""全民健身"四组小视频，触达人群近1.3亿。

第六章

奥运遗产
助力城市发展

一、丰厚的奥运遗产

（一）不断完善的"奥运遗产"概念

"奥运遗产"不是一朝一夕形成的，国际奥委会在其官网上整理了多届奥运会留下的遗产，最早可查询到1920年的安特卫普奥运会。那一年，美国女子游泳队鼓舞了同时期为妇女争取投票权的运动，开幕式上首次出现的放飞和平鸽仪式成为之后历届开幕式的固定仪式，举办开幕式的主体育场日后还成为当地足球俱乐部的主场并沿用至今。

19世纪早期，还没有一个系统的"奥运遗产"概念来指导人们有意识地通过举办奥运会为后人留下些什么。例如安特卫普主体育场的改造花销占了1920年奥运会总开支的一半，会后却又经历改头换面式的大修才满足了足球比赛的需求。这也表明当时的组织者并没有在一开始就计划好场馆的后续利用。而现在，从筹办之初就进行全面规划，管理好奥运遗产，并在期间践行可持续的办奥理念，已经成了奥运遗产工作重要的模式。这种模式的肇始，正是2022年北京冬奥会的筹办。

根据国际奥委会给出的定义，奥运遗产是实现奥运会愿景的结果，包含所有通过举办奥运会，为公众、城市和区域发展以及奥林匹克运动创造的或加速带来的有形和无形的长期收益。广义上的奥运遗产分为有形遗产和无形遗产两种形式，包括：创造、制定或颁布的理念、法律、法规、政策、制度、规定、战略、计划、规划、方案、标准、规范、程序、流程、管理办法、指南、意见、经验类；创造开发的新技术、新产品、新材料、新能源、新系统应用类；创新的指挥模式、运行机制、协调机制、服务机制、保障体系类；创办的各类庆典活动、文化活动、宣传活动、纪念活动、体育赛事和活动、会议会展类活动类；创办的各类学习、培训、实习、交流活动、知识转移类；创造开发的影视作品、文艺作品、艺术作品、书画作品、雕塑作品、音视频资料、出版物类；奥运会特有物品和特许商品类及上述物品的设计和说明文件类；场馆和基础设施

第六章
奥运遗产助力城市发展

建设等文献类说明、设计方案和图纸、效果展示图片、音视频资料类；其他各类奥运会创造、开发、使用的实物遗产类等。

"奥运遗产"的概念源于1956年墨尔本奥运会，此后出现了不少奥运会使举办地受益的例子。例如，工业没落的伦敦东区在伦敦奥运会后华丽转身，俄罗斯国际奥林匹克大学在索契冬奥会后设立等。但"奥运遗产"里程碑式转折发生在2014年。当年颁布了《奥林匹克2020议程》，这一由国际奥委会主席巴赫提出的一揽子改革计划中提到了申办奥运的过程应"关注可持续性和遗产"，国际奥委会应在举办城市和其他机构的支持下，长期评估和监测对奥运遗产的利用。而北京冬奥会就成为《奥林匹克2020议程》颁布后第一届从筹办之初就全面规划管理奥运遗产的奥运会。

为了响应这个改革计划，北京冬奥组委于2017年9月就在总体策划部单独设立了遗产处。此后，遗产协调工作委员会成立。2019年2月，北京冬奥委发布了《2022年北方冬奥会和冬残奥会遗产战略计划》（以下简称《遗产战略计划》）。《遗产战略计划》分为4个部分和4个附件，包括指导思想和目标、重点任务、实施步骤和保障措施，及重点任务分工、亮点遗产计划、通用指导意见和组织机构方案。国际奥委会第一副主席萨马兰奇先生通过视频祝贺《遗产战略计划》发布和实施，称赞北京冬奥会筹办工作卓有成效。他指出，首钢作为老工业企业因筹办2022年冬奥会而重焕生机，展现出独特魅力，为世界作出了极佳示范，为地区体育和社会发展注入新动力。萨马兰奇还代表国际奥委会表示，"期待2022年北京冬奥会后丰厚的奥运遗产，激励更多人参与冰雪运动。同时，通过高效的筹办工作，遗产项目赛后可持续发展，这些都是无形遗产。而延庆和张家口赛区的新建场馆等有形遗产，将极大促进冰雪运动发展，新建的京张高铁将有史以来第一次连通奥林匹克赛场，也将连通整个世界，这些都将是使我们长期受益的重要遗产。"

北京冬奥会后，如何在后冬奥时代传承和利用好北京冬奥遗产，利用好冰雪场地设施，成为北京冬奥组委创造性转化、创新性发展的

"必考题"。冬奥会期间，北京建设的奥运建筑群以优美多姿的艺术形态和优异完善的服务功能，获得了运动员和教练员的赞誉，也吸引了全世界的目光。一串中华文化浸染的音符在这里奏响，"雪如意""雪游龙""雪飞燕"等深深浸透着中国文化的深厚底蕴，讲述着精彩的中国故事，闪耀着中国美学精神的光芒。而这些都属于有形遗产。

北京冬奥会拥有众多的雪上项目场馆，它们的赛后利用是很具挑战性的，因为雪上项目大多都是小众运动，甚至可以被称作"超人运动"，那么这些场馆规划之初就应该考虑赛后怎么让老百姓还用得上，如何让场馆持久运营下去，需要充足的预见性和前瞻性。对此，北京冬奥组委与三赛区的属地政府和场馆业主密切合作，所有竞赛场馆制定了三版《场馆遗产计划》。场馆赛后首先要为全民健身服务，在非雪季时山地场馆规划开发滑草、徒步、攀岩、山地自行车等山地户外项目，不仅要实现四季利用，还要考虑多种经营。例如，国家高山滑雪中心就将继续举办国际高水平赛事，也将对公众开放；在非雪季还将开发山地户外运动和旅游观光项目，融入地区整体发展。

这种"长期性"作为奥运遗产的关键解读，被国际奥委会写入了遗产战略方针、奥林匹克遗产指南等文件中，和其他要素一道形成了"奥运遗产"的定义。这些成果有些是因筹办奥运会直接创造的，也有些是举办地本身就有的发展愿望，奥运会的举办加速了它们的到来。例如，京张高铁通车及其背后京津冀一体化的加速，中国对绿色出行、使用新能源的倡导等，让举办地与奥林匹克事业的愿景实现了同频共振。

在2022北京冬奥会的遗产工作中，北京冬奥组委与国际奥委会共同创新制定了《遗产评估体系（KPI）》和《场馆遗产计划通用模板》，并被推介至东京和巴黎等其他奥运会组委会，所有的工作成果都会成为国际奥委会"知识传承"项目的一部分，这是一个包含了历届奥运会组织工作的经验教训和心得的资料库，而北京通过这种方式为奥林匹克事业留下可以共享的遗产，贡献中国智慧。

在奥运会举办之初，人们普遍只关注硬件设施及其后续的作用，后来大家才意识到奥运会也能带来无形遗产。例如，志愿服务事业受两届奥运会带动得到快速发展；又如，"雪游龙""雪飞燕""雪如意"等场馆命名，会徽、体育图标等冬奥形象标识的设计，让冬季运动留下了中国文化印记；再如，北京国际奥林匹克学院的建立，创新推动奥林匹克研究和人才培养，等等。

北京冬奥精神无疑是北京冬奥会最重要的文化遗产，而北京冬奥会开幕式则是无形遗产（人文遗产）的代表之一。2022年2月4日晚，北京冬奥会开幕式在二十四节气的倒计时中开始，从"雨水"到"立春"，一幅幅精美的画面展现了中国数千年来深厚的文化底蕴。之后，绿色的"秧苗"长了起来，随风摇摆，变成蒲公英，被孩童轻轻吹散，化作"立春"造型的烟花在鸟巢上空绽放，瞬间燃爆现场。接着，"黄河之水天上来"，从鸟巢"碗口"倾泻而下，铺满全场，一方水从中央升起，凝结成晶莹剔透的"冰立方"。随后，几名冰球运动员挥杆击"球"，"冰立方"逐渐碎裂，巨大的冰雪五环渐渐露出真容，缓缓上升。几个冰墩墩共同推开场地正后方的"中国门"，开幕式大屏幕上出现了月亮，而这正是当晚的月相。"你抬头看，我邀请全世界共享今晚的月亮。"这一刻，我们才明白什么叫作"看遍世间繁华，方知国色倾城"。总的来说，北京冬奥会充分发掘了中国传统文化资源，将从"雨水"到"立春"的二十四节气流转，将"黄河之水天上来"的豪迈诗句，创造性地呈现在冬奥会开幕式中，实现奥林匹克文化与中国文化的新融合。

2022年1月19日，北京冬奥组委发布《2022年北京冬奥会和冬残奥会遗产报告集（2022）》，报告反映了自2015年北京申办冬奥会成功以来，在促进冰雪运动普及发展、冰雪产业发展与科技创新、社会文明进步、奥林匹克和冰雪文化普及推广、生态环境持续改善、主办城市高质量发展、京津冀区域协同发展等方面的取得的成果。创造丰厚的冬奥遗产，为主办城市和广大民众带来长期、积极的收益，既符合国际奥委会的改革精神，也是成功办奥的重要标志之一。奥运遗产工作没有成型的国际规则可循，往届奥运会也没有系统的工作方法和模式可借鉴。北京冬奥组委从筹办伊始就加强与国际奥委会和国际残奥委会的合作，充分结合筹办工作实际，不断摸索，最终实现了"奥运遗产"的发展创新。

文化遗产兼具文化、精神、效益、历史等多元价值属性。对冬奥会来说，无论是有形的文化产业（冰雪旅游观光、健身休闲、文化体验）、创意产品（会徽、火炬、吉祥物、体育图标）、文化IP衍生品（冬奥歌曲、动漫、影视作品），还是无形的思想理念、举办经验、志愿服务、奉献精神、民族特质、国家形象，均强调有形奥运遗产和无形奥运遗产的文化与历史价值和作用，是为主办城市、广大民众和奥林匹克运动带来长期、积极效益的物质财富和精神财富的总和，它们都属于冬奥文化遗产的范畴。国际奥委会专家认为，奥运会是一次"7+17+20"的挑战：不仅有7年的艰难筹备、17天的赛事交付，还面临着如何再为社会作出20年贡献的挑战。

（二）北京夏奥遗产特色

在2008年夏季奥运会的申办陈述中，原中国奥委会主席何振梁先生表示，"北京的奥运会将为北京、中国和世界体育留下一份独特的遗产"。在申办成功后，北京奥运申办委员会主席刘淇说："通过在世界上人口最多的国家举办奥运会，国际奥委会已经为体育事业留下了一份宝贵遗产。举办奥运会能改善中国人民的生活水平，加快中国的改革，这也会给中国留下一笔重要遗产。"

在申办奥运时，我们曾向世界承诺，2008年北京奥运会将给世界留下独一无二的遗产，从目前我们所获得的资料来看，2008年北京奥运会留下了以下奥运遗产。

1. 中国（北京）的与世界的

（1）北京奥运会留给中国一笔重要遗产。在北京举办奥运会，意味着将奥林匹克运动全面带入中国，全面推动中国的经济发展和社会进步，促进中国社会人文指数的提高，全面提高人的素质，加速中国的现代化事业，推动中国的改革开放事业，使全体中国人民受益。

（2）北京奥运会留给世界一份宝贵遗产。在拥有14亿人口的中国的首都——北京举办奥运会，意味着奥林匹克运动的全球化和广泛化，意味着奥林匹克真正成为全球性的运动，成为世界人民共同的宝贵财富。奥林匹克精神在14亿民众中的普及和传播，增进人民对体育的热爱和参与体育锻炼的热情，产生了广泛影响力；增强了中华民族巨大的向心力和凝聚力，亿万民众及海外华人华侨对祖国强烈的自豪感、归属感和认同感；奥运的志愿服务精神深入人心，志愿服务成为越来越多人的共识，促进了全社会奉献意识的形成；对国际规则的理解和认识更加深化，包括媒体服务、知识产权保护、环境意识、文化交流与融合等；积累了申办、筹办和举办大型国际赛事、大型活动的宝贵经验。

2. 物质的与文化的

（1）北京奥运会留下物质形态的奥运遗产。北京奥运会建设了大量的奥运场馆、体育设施、文化设施和奥林匹克公园，它们都作为物质形态的奥运历史文化和仍然在发挥着奥运功能的当代文化而成为留给中国人民和世界人民的宝贵奥运财富。鸟巢、水立方等奥运会竞赛场馆不仅是北京和中国的建筑丰碑，也是世界奥运遗产的重要组成部分。奥运会还催生了许多城市基础设施项目的建设，包括非竞赛场馆、机场T3航站楼、地铁奥运专线、城市交通路网改造、城际列车等。奥运会还培养和锻炼了一大批熟悉国际事务、具有举办大型活动经验的专业人才队伍。

北京奥运会促进了北京市的城市建设和经济发展，通过实施绿色奥运和科技奥运战略，改善北京市的城市环境质量和科技含量，将一个绿色的、科技的崭新北京奉献给世人。通过实施人文奥运战略，推动北京的文化保护工作，保护和建设人文景观，开发人文旅游资源，大力发展旅游经济，将一个古老神韵与现代活力相结合的新北京献给世人。

（2）北京奥运会留下文化形态的奥运遗产。奥林匹克文化并不仅仅出现在体育运动领域，它还包含着奥林匹克精神和奥林匹克主义，它提倡公平竞赛的精神，倡导人的心灵与体魄和谐发展以及积极向上的生活哲学（人生哲学），并倡导人与人和平共处和谋求建立一个和平、和谐的人类社会的目标。奥林匹克所包含的人本精神、和谐精神，都使北京奥运会为中国与世界留下文化形态的奥运遗产。

在北京举办奥运会，意味着东西方文化（包括东西方体育文化）的交流和融合。作为交流和融合的结果，北京使奥林匹克的文化内涵有所丰富和发展。

3. 体育的和超体育的

（1）北京奥运会给奥林匹克运动和体育事业留下了宝贵遗产。北京举办奥运会本身，就是奥运会薪火相传的代表，也为奥林匹克作出了贡献。北京奥运会促进中国的全民健身运动，使奥林匹克主义成为一种有价值的文化资源，来充实、丰富中国人的生活。北京奥运会促进了中国与世界的体育合作和体育交流，为世界体育事业的发展作出了贡献。

北京奥运会还争取以中国文化来丰富和发展奥林匹克运动，一方面使奥林匹克运动真正具有全球性，另一方面以中国文化的若干观念来支持和指导奥林匹克运动背后合理的价值观及哲学，来克服奥林匹克运动中的某些不良倾向，使奥林匹克真正在最大限度上有益于世界人民。

（2）北京奥运会在体育运动之外也留下宝贵遗产。奥运会是全世界人民广泛交流的文化盛会，是传递和平、友谊、团结精神的盛会。在当今世界，战争和冲突仍然对和平有着严重的挑战，文明冲突论甚嚣尘上。因此，强调文化、文明、民族、种族、宗教、国家、地区之间的多元和谐、和平共处，对人类在21世纪的发展具有重要的推动作用，奥运会所展示的以追求和谐为最高价值目标，也是人类生存和发展的重要理念。在这方面，中国文化有机会，也有资源和能力为世界作出更多的贡献。

（三）冬奥遗产的独特印记

筹办北京冬奥会，创造了体育、经济、社会、文化、环境、城市发展和区域发展 7 方面 35 个领域的丰厚遗产，为主办城市和区域长远发展留下宝贵财富，惠及广大人民群众，实现奥林匹克运动与城市发展的双赢。

1. 体育遗产

（1）大众冰雪运动普及与发展。在"带动三亿人参与冰雪运动"的愿景下，中国各级政府不断优化冰雪运动发展政策环境，调动各方资源力量，组织开展"全国大众冰雪季"等冰雪活动，推动冰雪运动突破季节和地域限制，积极发展冰雪旅游，开发线上冰雪运动，推动大众冰雪运动快速普及发展。

（2）残疾人冰雪运动普及与发展。我国残疾人群众性冰雪活动内容不断丰富，活动项目种类逐渐增加，开展了以"中国残疾人冰雪运动季"为龙头的各类活动。我国冬季残奥项目竞技水平也取得突破性进展，开展的冬残奥项目逐渐增多。同时，奥林匹克教育和残奥教育在特殊教育中有效推广，残疾人冬季运动设施日趋完善。

（3）体育场馆。2022 年北京冬奥会充分利用 2008 年北京奥运会的现有场馆，将冬奥场馆建设为精品工程。同步编制场馆的后奥运时代利用方案，努力实现场馆的持续利用、长久利用。

（4）办赛人才。实施《2022 年北京冬奥会和冬残奥会人才行动计划》，加快冰雪运动竞赛运行和服务保障等各类办赛人才的选拔，打造专业化、国际化的办赛人才队伍，为主办城市留下丰厚的人才遗产。

（5）冰雪运动竞技水平。我国以冬奥备战为牵引，坚持固强补弱，优化冰雪运动竞技项目布局，推动专业运动队建设，强化后备人才培养，取得初步成效。竞技人才梯队建设成效显著，参加全国性冰雪运动比赛注册运动员人数日益增多。国内冰雪运动竞技水平显著提升，国家队奖牌总数增长明显。

（6）冰雪运动赛事。我国各类冰雪赛事数量逐年增加，规格也不断提升，不仅为国内冰雪运动员成长提供了良好平台，同时也在冰雪运动推广与普及、带动青少年参与冰雪运动、提升中国冰雪国际影响力等方面发挥了重要作用。全国专业性冰雪运动赛事遍地开花，国际冰雪赛事纷纷落户中国，青少年冰雪赛事体系渐趋完善。

（7）青少年冰雪运动。深入开展奥林匹克教育，大力推动冰雪运动进校园，推广冰雪运动旱地化，进一步激发学生参与冰雪运动的热情和积极性。同时在校外广泛开展内容和形式多样的冰雪活动，为青少年上冰上雪创造条件。

2. 经济遗产

（1）冰雪产业发展。伴随着冰雪运动的快速普及，我国从满足群众冰雪健身需求出发，大力推动冰雪场地设施建设，加快发展冰雪健身休闲产业，促进冰雪产业与旅游、文化、会展等相关产业融合发展，不断壮大冰雪产业规模，优化冰雪产业结构，初步形成了比较完善的有特色的中国冰雪产业体系。

（2）科技冬奥。实施《科技冬奥（2022）行动计划》，积极运用信息化、大数据等现代科技提高赛会运行保障和服务效率，重点推动基础设施、转播技术、绿色环保、智慧服务、人工智能等新技术在北京冬奥会的应用，形成丰厚的冬奥科技成果。

（3）市场开发。为中国企业走向世界创造机遇、搭建平台，将北京冬奥会品牌价值与企业发展实际需求充分结合，实现共赢发展。

（4）财务管理。健全规章制度，严格预算管理，提高资金使用效益和资源配置效率。创新财务管理规范和标准，为中国大型赛事和未来奥运会提供宝贵经验。

（5）物流管理。创新赛会物流运行规范与标准，总结物流新技术与新能源应用成果，促进与提升中国的赛事物流服务水平，培养中国赛事物流管理人才队伍。

3. 社会遗产

（1）社会文明。北京冬奥会带动了群众性冰雪运动向全民普及和推广，提升了全民健身的意识；倡导绿色低碳生活理念，引导公众建立绿色低碳生活方式；在全社会范围内开展社会文明提升活动，推动社会的文明进步。

（2）志愿服务。形成了可传承与借鉴的冰雪运动志愿服务规范与标准，提升志愿服务水平。

（3）国际交流。以北京冬奥会为媒介，加强了与国际体育组织的沟通协调，借鉴动机运动强国办赛经验，提升冰雪运动水平和办赛能力；在国家外交活动中，融入冬奥元素，提升影响力；促进以冰雪项目为核心的中外体育合作和人文交流。

（4）扶残助残。无障碍设施的建设在冬奥会后得到了加速，残疾人的生活越来越便利，理解、尊重残疾人的社会氛围更加浓厚，助残的主动性、专业性有了新提升，包容性社会建设取得显著成效。越来越多的残疾人走出家门，融入社会，参与冰雪活动，享受冰雪运动带来的快乐。全社会共同努力创建一个更加开放，更加包容的世界。

（5）教育成果。将奥林匹克教育纳入学校教育，深入开发教育资源，广泛开展相关教育活动，在青少年群体中广泛弘扬奥林匹克精神、普及奥林匹克知识、传播奥林匹克理念，激励了广大青少年积极参与冬季运动的热情，带动广大中小学生共享冬奥筹办成果，形成了具有中国特色的奥林匹克教育遗产。

（6）廉洁办奥。借鉴2008年北京奥运会廉洁办奥成功经验和有效做法，加强法纪监督，力戒奢华浪费，严密防范和坚决惩治腐败，形成廉洁办奥的筹办经验与遗产成果。

4. 文化遗产

（1）文化活动。推进实施《2022年北京冬奥会和冬残奥会文化遗产战略计划》，以体育为主题，以文化为内容，策划组织形式多样、生动活泼的文化宣传活动，形成文化活动、庆典仪式、赛事景观和火炬接力等领域的遗产成果。

（2）宣传推广。向国际社会大力宣传北京冬奥会筹办成果，推进实施"共享冬奥"计划、奥林匹克教育计划、青少年行动计划，促进大众广泛参与，创新宣传形式和渠道。在电视台设立冬奥频道，普及冰雪知识，宣传冬奥项目，形成宣传推广遗产成果。

（3）媒体与转播。推进媒体报道方式的创新，培养我国冬季运动新闻运行和电视转播人才队伍，提升我国冬季运动媒体运行和赛事转播服务水平。

（4）档案管理。通过筹办工作，科学收集、整理、归纳和留存好北京冬奥会文字档案和实物档案，形成丰厚完整的文字和实物档案遗产，充分发挥其在赛后的利用、传承和借鉴作用。

5. 环境遗产

（1）生态环境。整体改善京张地区的生态环境，所有新建场馆落实节能环保标准，做好了固体废弃物处置和生物多样性保护，形成生态环境保护方面的遗产成果。

（2）低碳奥运。推进了可再生能源应用，实施场馆绿色建筑标准，建立碳排放补偿机制，促进京津冀协同减排，形成低碳奥运遗产成果。

（3）可持续性管理。建立与运行可持续性管理体系，落实场馆可持续性指南、场馆可持续性管理办法和可持续采购指南等相关政策，努力实现国际标准化组织（ISO）大型活动、环境和社会责任三标合一的可持续性管理体系创新。

6. 城市遗产

（1）城市基础设施。设施建设和升级改造，为主办城市留下了长期受益的有形遗产。

（2）城市管理。创新体制机制，推动多元治理，健全智慧服务管理体系，全面提升城市精细化管理水平。

（3）城市服务保障。优化提升城市功能，增强城市综合竞争力和国际影响力，坚持疏解整治促提升，加强城市修补和生态修复，实现城市高水平发展，打造首钢等城市复兴新地标。

（4）城市无障碍环境。以北京冬奥会为依托，完善城市无障碍工作协调机制，提升城市无障碍意识，提高城市无障碍设施和服务水平，形成方便残疾人、老年人等群体的城市无障碍环境。

7. 区域发展遗产

（1）京张地区交通基础设施。促进京张地区交通基础设施相连相通，建设形成"一条高铁、多条干线"的交通网络，大幅提升京张两地通行能力，既满足办赛需求，又在赛后服务于协同发展。

（2）京津冀地区生态环境。促进京津冀地区生态环境联防联建。以治气、治沙、治水为重点，加强北京市与河北省的工作联动和综合治理，加快改善京津冀地区生态环境，满足北京冬奥会办会需求，为广大群众造福。

（3）京张地区冰雪产业。强化规划引领作用，加强规划控制，促进京张地区冰雪产业合理布局、健康发展。加快产业转型升级，打造了立足区域、服务全国、辐射全球的冰雪产业集聚区。

（4）京张地区公共服务。全面提升京张两地住宿、餐饮、医疗等公共服务水平，发挥北京资源优势，加大在医疗、教育等领域对张家口地区的帮扶力度，助力张家口公共服务能力的提升。

（5）京张体育文化旅游带建设。依托北京冬奥会场馆设施，充分发挥地方特色文化旅游资源优势，发展壮大体育文化、旅游休闲、会议展览等业态，促进体育、文化、旅游深度融合发展，促进京张体育文化旅游带建设。

（6）京张地区促进就业。加大推进张家口特色产业、发展奥运劳务经济、绿色扶贫、易地扶贫搬迁、京张对口帮扶等方面力度，制定对口帮扶工作方案，积极引导当地农民发展休闲旅游等富民产业，拓展就业渠道，带动低收入群体就业。

二、多元文化和谐共存

百年前,中国处于半殖民地半封建社会,政治经济十分落后。1949年中华人民共和国成立后,中国人民自己当家作主,开始了建设祖国的伟大事业。尤其是改革开放40多年来,我国各项事业的发展都有了巨大的进步,国家发生了深刻变化,在政治、军事、经济、文化教育、体育、艺术诸多方面均取得了辉煌成绩。

以北京为例,作为一座有3 000多年的悠久历史文明古城,现如今的北京正努力建设成为国际现代化大都市。截至2022年,北京常住人口2 100多万,高楼林立,车水马龙,立交桥遍布。科技、工农、商贸迅速发展,有众多高等院校,开发了以中关村为核心的北京市新技术产业开发试验区,北京经济技术开发区和以驻外机构、金融机构、跨国公司为主的商务中心区。北京的生产总值持续增长,人民生活得到大幅度提高,人们安居乐业,幸福美满。党的十八大以来,北京的体育事业也取得了历史性成就、发生了历史性变革,体育事业融入新时代伟大事业之中,为实现全面建成小康社会、建设富强、民主、文明、和谐、美丽的社会主义现代化国家的奋斗目标增添动力、凝聚力量。

北京荣获2008年奥运会主办权后通过对"绿色奥运""科技奥运""人文奥运"三大理念的具体阐释和实施来实现对世界留下"奥运遗产"的承诺。三大理念中,"绿色""科技"理解为物质的、自然科学的。"绿色奥运"和"科技奥运",强调人与自然的和谐,强调人与自身所创造的科技力量的和谐,它使奥运会从这种和谐中受益,使北京从中受益,并作为一种具体成果而表现出来。而"人文"则理解为精神的、上层建筑的。绿色、科技、人文三者是一个相辅相成、密不可分的整体,相互渗透、相互促进、相互作用。

"人文奥运"的内涵是十分丰富,是多方位、多学科的,当然,实施起来也是较为复杂的。人文总括和泛指人类社会的各种文化现象及其规律,比文化的概念更广义、更泛化。《易·贲卦·彖传》指出:"刚柔交错，天文也。文明以止，人文也。观乎天文，以察时变。观乎人文，以化成天下。"即文明到达的地方，通过文化教育使人的行为有所约止，有了道德规范，就可以达到文明的、人文的境地。想要观察宇宙自然的变化，研究其规律，就必须要观察研究人伦社会的现象及规律，教育人们摆脱野蛮，达到完善的文明的社会。所以，我们习惯说"人文社会科学"，而不说"文化社会科学"。其实，"人文"与"文化"二者在某种程度上也可通用。"文化"一词在实践上应用较多，如文化部、文化馆、文化书屋、文化水平、文化干部等，而"人文"一词则在学术方面应用较多，如人文科学、人文精神、人文主义、人文论坛等。因此，从奥运会的理念来说，"人文奥运"的说法更为科学，更为恰当，更易被正确理解和接受。人文奥运就是要求奥运与人文科学紧密结合，与文化教育艺术紧密结合，它涉及语言文学、哲学、伦理学、教育学、历史学、法学、艺术美学、宗教学、社会学等学科。与这些学科结合得越紧密，就越能更好地培养身心和谐全面发展的人。人们在创造世界的同时，首先要发展自己，研究人体自身的发育、成长和人的再生产。人类体质的增强、寿命的延长、劳动力的提高、战斗力的勇猛、意志的坚强、身心和谐全面的发展，都需要体育这一强有力的手段。因此，体育的一切活动都必须围绕作为物质存在的人体。只有人的体质增强了、素质提高了，才能创造出更好的物质文明和精神文明。所以，奥运会必须以人为本，如果偏离了这一方向，就失去了体育的意义。为此，我们要着重强化"人文奥运"。

（一）充分体现北京人文奥运理念特色

在2008年北京提出的三个理念中，绿色奥运和科技奥运虽然也有着十分重要的意义，但这都属于各个举办城市的基础条件。最能体现2008年北京奥运会特色和价值的，主要还是人文奥运。只有哲学上、思想上站得高，才能在世界文化中、在奥林匹克运动史上获得一席之地。和谐的观念是中华优秀传统文化的精华，在当今世界具有重要的资源性思想价值，也最能找到中国文化与奥林匹克文化的结合点。

"更快、更高、更强"，是对奥林匹克精神的概括。它反映了古希腊哲学，特别是西方近代文化中的人本主义，它强调展示人的本质力量、高扬人的主体性、追求人的自我超越、尊重人的尊严和权利等一系列观念和价值。然而，毋庸讳言的是，这种追求超越他人与自我超越、追求不断挑战极限和突破极限的思想，在体育运动实践中也带来了极大的负面影响，使体育运动背离了《奥林匹克宪章》中关于促进人的和谐发展的理想。体育界的一些有识之士，已经开始对此进行反思。2008年北京奥运会努力从中国在文化精神和哲学思想上所具备的在当代世界上最具资源性价值的和谐文化与和谐哲学出发，来丰富和发展奥林匹克精神。例如，提出了"和平、和谐、和爱"，作为奥林匹克的指导原则，成为对"更快、更高、更强"的一个有益补充，成为对《奥林匹克宪章》中倡导以奥林匹克运动来促进人的心灵与体魄的和谐、人与人的和谐，以及达成和平社会的一个有益补充。当然，对奥林匹克现有内容的丰富和发展，并不是对奥林匹克已有内容的否定，我们可以找到《奥林匹克宪章》和中国文化的结合点，那就是和谐。《奥林匹克宪章》有多处提出和平、和谐的指导原则和精神，基于上述认识，我们着重从人文奥运出发，强调"和平""和谐"思想的深化和发展。

无论是古代奥林匹克运动还是现代奥林匹克运动都起源于欧洲。奥林匹克运动在世界传播和发展的过程也是西方文化全球化的过程，现如今，奥林匹克已成为全球人民的共同财富。

国际奥委会的报告中强调过，奥林匹克应当是多文化的，跨文化的。那么，奥林匹克五环旗所代表的普世性，就不仅是奥林匹克的全球化（globalization），而且应当是国际化（internationalization）。Globalization，是将某一种事物推广、普及、传播到全球；internationalization的词根是inter，有交互、互动的意思，因而国际化也就是奥林匹克文化与世界五大洲文化的多元互动。2008年北京奥运会抓住这一历史机遇，推动奥林匹克运动的国际化，并为此提供了一个成功的范例。

　　针对当今世界上的文明冲突理论与实际发生的各种冲突，我们倡导要多多发扬中国文化与奥林匹克运动中的和谐精神，强调世界多元文化、多元文明、多元民族、多元宗教、多元种族和平共处，和谐共存。一方面我们不仅将奥林匹克主义作为个人的生活哲学，更要使之作为一种世界人民交往的文化哲学，在体育运动外的更广范围内发挥积极作用；另一方面，我们推动中国文化的世界化，在为世界文化做贡献的过程中走向世界。

　　关于人文奥运，我们赞同从文化的角度来理解和阐释它，因为从东西方以及世界多元文化交流的角度来理解奥运会和奥林匹克运动，从和谐的理念来倡导奥林匹克精神，最能体现奥林匹克运动和2008年北京奥运会的丰富意义和崇高价值，最有利于在最大限度上克服存在于奥林匹克运动中的冲突和干扰，最有利于排除北京市举办奥运会的各种不利因素，最有可能对奥林匹克运动和奥林匹克主义、精神有所弘扬、有所补充、有所发展、有所贡献。

　　2008年北京奥运会提出的人文奥运的内涵至少有6方面：传播、发扬奥林匹克精神；促进世界文化，特别是中西文化大交融；弘扬中华民族5 000多年的灿烂文明；展示近年来北京市改革开放建设成就和新面貌；介绍中华5 000多年体育史及现代中国体育的辉煌成就；展现北京人的精神风貌。我们实现人文奥运的出发点和落脚点是北京人的良好精神风貌，这一点是"虚"的，也是"实"的。它可能体现在一个微笑与冷眼之间，也可能体现在一次举手与投足之中，许多影响往往存在于潜移默化之中。我们应表现出北京人是有志气的，我们团结一致，艰苦奋斗，决心建设一个强大的中国；北京人是热爱和平的、友好的、好客的，愿和一切爱好和平的国家和人民交朋友，相互尊重、相互帮助，共同创建幸福美好的生活；北京人是文明的、热爱体育的、拥护奥林匹克精神，并为之实现作出贡献，努力使奥林匹克精神发扬光大。北京承办奥运会是光荣的，责任也是重大的，任务艰巨，这不仅需要政府的努力,更需要全市人民的努力和支持。我们要掌握奥林匹克精神之所在,懂奥运会知识,克服不良习惯,使奥运遗产得以传承和发展。

奥林匹克精神与人文奥运息息相关。在这里我们把奥林匹克精神归为四个主要点:和平、友谊的宗旨;以人为本、大众参与的体育实质;更快、更高、更强——更团结的进取精神;公开、公正、公平的原则。

1. 和平、友谊的宗旨

体育因劳动和军事的需要产生。人类的战争久远不绝,古奥运会就是希腊人民为了反对残忍的战争和严酷的军事训练而兴起的,反映着人们呼吁和平、反对战争的强烈愿望,把为军事服务的体育运动会变成了反对战争增进友谊的盛会。

20世纪以来,反对战争、渴望和平的力量日益增强,和平的呼声一浪高过一浪。目前世界局势动荡不定,局部战争此伏彼起,恐怖主义、霸权主义和分裂主义势力嚣张。我们应高举和平的大旗,利用一切可利用的条件和形式大力宣传和平,反对战争。只有和平,人类才能进步。在此背景下,在场馆内外,在奥运村内外,在大街小巷树立和平鸽的标志,在一切文化活动中加入保卫和平的内容,创作以"爱与和平"为主题的歌曲,使和平的意识深入人心,人人都加入保卫和平的行列。

2. 以人为本、大众参与的体育实质

毛泽东同志有句名言:"发展体育运动,增强人民体质。"这句话有两层含义:一是体育的目的必须是增强体质;二是体育必须要普及,要人民群众都来参加体育运动。要增强整个人类的精神和体质,绝不是少数几个人或某些运动员的事,而是要全体民众都参加,所以体育运动要强调普及、重在参与,只有大众参与,体育才能有活力,才能起到体育促进人类不断进化的目的。奥运会的生命力就在于大众参与,在于更广泛的普及。2008年奥运会能在13亿人口的中国举行,意味着在现代奥运会100多年来的历史长河中短短几年间其普及的程度就增长了20%,这是中国人民的光荣,也是奥运会的光荣,是奥运会的新起点、新篇章,在奥运史上写下光辉的一页,这也是奥运会在北京举

行的划时代的重大意义之一。为此，中国人民加大了对"体育与生命科学"研究的力度，努力探索人体运动的规律、人体健康强壮的规律、人体战胜大自然的规律。拓展开展群众体育活动的举措，努力实现"全民健身运动"的规划，在奥运会举行期间及其前后，积极宣传奥林匹克精神，号召、鼓励并组织志愿者协会，鼓励民众参与奥运会的相关活动，协助奥运组委会完成各项任务。

3. 更快、更高、更强——更团结的进取精神

"更快、更高、更强"的奥林匹克格言在很长一段时间内以其巨大魅力激励人们去进取、去奋斗、去苦练、去突破、去冲击人的极限、去创造新的世界纪录。多年来，这句格言已显示出其强大的生命力，放射出灿烂的光芒，培养和鼓励人们勇往直前去夺取胜利。2021年7月20日，国际奥委会第138次全会正式通过将"更团结"加入奥林匹克格言中，奥林匹克格言自此变为"更快、更高、更强——更团结"。

4. 公开、公正、公平的原则

公开、公正、公平的原则（简称"三公"原则）是奥林匹克主义最主要的精神之一。体育运动的特殊形式就是竞赛，竞赛就必须要有规则，没有统一的规则，游戏就无法进行。"三公"原则不仅适用于体育竞赛，而且可扩展到社会生活的各方面，任何事都要公正、公平，我们反对任何歧视，主张人人平等。但由于体育竞争的激烈，胜负关系重大，难免出现一些违反"三公"原则的事件。

举办奥运会，排在第一位的就是抓住"竞赛"这一环节，对竞赛的章程、规则、场地、裁判的组织等环节进行严格要求。主张文明竞争，反对与社会公益与社会进步背道而驰的行为，反对弄虚作假，反对服用兴奋剂，反对黑哨、黑票、黑赛，反对腐败。以下三方面的工作就是按"三公"原则办奥的直接体现。

（1）对裁判员。裁判工作是竞赛中最主要的环节，首先要与各单项协会协商，挑选最公正、公平的裁判员担任裁判工作，所挑选的裁判员可通过各国领队考核，每个裁判员要宣誓或写保证书，坚决抵制金

钱收买等腐败行为。

（2）对运动员。要教育运动员遵守一切规章、规则，尊重裁判，讲体育道德，进行公平、友好的竞赛。

（3）对观众。要尊重裁判，尊重运动员，不闹事、不喊倒彩，讲礼貌、讲友好，为运动员加油。

综上所述，奥林匹克精神的文化教育意义远远超过了体育竞赛本身的意义，成为世界人民在人类社会的理想和追求。

（二）中外文化大交融

国际奥委会的报告指出，奥运会不是单一文化的盛会，而是多文化的和跨文化的盛会。中国是一个具有悠久历史的文明古国，在中国北京举办奥运会，意味着起源于西方的奥林匹克文化与中国文化的充分交流和融合。奥运会不仅是体育的盛会，更是文化展示和交流的盛会。2008年北京奥运会促进世界人民与中国人民、世界文化与中国文化，以及世界人民和文化之间的充分展示和交流，有助于世界人民的相互了解、相互尊重、相互信任，有助于建立一个和平、和谐的新世界。

体育本来就属于文化的范畴，体育与文化紧密结合起来，就是人类文化的一部分，奥运会也是人类文化的结晶。广义地说，文化是指人类在社会发展过程中所创造出的物质财富和精神财富的总和。一个国家、一个民族在历史上有先进的文化，随着历史的发展也有落后的、淘汰的文化。

文明是指在人类活动的历史长河中所保留下来的创造性的、进步的、光明的、优秀的成果。文明与文化有时是可以通用的，而文明的用法较能更精确地指出其先进性、光明性。《尚书·正义·卷三·舜典》对"文明"解释为"经天纬地曰'文'，照临四方曰'明'"，文者，纹也，即纹理印痕；明者，日月也，即辉煌光明。这是借用自然现象来说明人类社会的理想与追求。

文化是体育的源泉，是体育的雨露，奥运会决不能离开文化而使自己孤立。《奥林匹克宪章》规定："奥林匹克运动谋求把体育与文化教育融合起来。奥运会组委会必须制定一项文化活动的计划，以促进奥林匹克运动的参加者和其他与会人士的和谐关系，相互了解和增进友谊。"奥运会是世界人民的大聚会，是人数最多、地区分布最广、包容最大的盛会，是体育的盛会，也是文化的盛会。各国不仅派来体育代表团，还带来文化艺术团，举办各种文艺演出。

奥运会期间，会有不同国家或地区的运动员参加，还有很多艺术团成员、记者和热情观众，这样庞大的盛会是世界上绝无仅有的，这象征着人类的大团结、大融合。这些来自世界各个角落的人们带来他们自己丰富多彩的文化，不同的语言文字，不同的风俗和习惯礼仪，不同的人生观，不同的宗教信仰，不同的生活方式，不同的饮食文化。而在奥运会的影响下，我们就当：

1. 展示中华优秀传统文化

中国是具有5 000多年文明的大国，曾经是世界文化最发达的国家之一。新中国成立后，许多国家的人民对中国的现状不了解。我们充分利用北京奥运会，大大促进中外文化的交融，热情友好待客，增进感情。

中华民族的灿烂文化是人类的宝贵财产，是人类文化的一颗明珠。早在数千年前，中国以其独特的以黄河流域为中心的华夏文化而闻名，源远流长，延续不绝。

从盘古开天地、神农氏刀耕火种、大禹治水到四大发明。从孔孟的儒家学说、老庄的道德思想到佛教的广为流传，从丝绸之路丝瓷器的输出到"胡服""胡琴"的引进，中华文化对世界产生了积极的影响，对人类文明作出了重要贡献。中国的汉字简明形象，含意深刻，是目前世界上使用的文字中最古老的；中国的书法篆刻，刚劲有力，造型雅丽；中国画勾、皴、擦、点、染、干、湿、浓、淡、虚实疏密、阴阳向背的表现手法和追求的笔、墨、气、韵、意、趣、神、势、情、境等审美规律都是世界所独有的；中国的文学，诗词歌赋多姿多彩，感情饱满，语言精练，节奏韵律强，很富于形象和感染力；中国的古典音乐、京剧、杂耍、相声、魔术皆受到世界各国人民的青睐；中国的中医中药、气功、武术更具有独特功效。

中国的名胜古迹数不胜数的，保存和体现着中国古代历史和灿烂文化的内涵。仅就北京地区而言，就有故宫、长城、周口店北京人遗址、明十三陵、颐和园、天坛、大运河等诸多古迹，十分丰富。

中国人民是友好的、善于融合的，也是最讲信义的。中华民族几经兴衰而仍然屹立在东方，就因为我们有强大的凝聚力和融合力。古人曾云："有朋自远方来，不亦乐乎""四海之内皆兄弟也"。中国人是好客的，也是善于向朋友学习的，从"胡服骑射"到"西服革履"，我们学习使用这些轻便、美丽、大方的服饰，摒弃了长袍马褂。古代的唐僧历经千辛万苦到印度取经，对佛教在中国的传播和发展作出了重要贡献。我们还从德国学习了辩证唯物主义，从法国了解到巴黎公社，结合中国实际形成并发展了中国特色社会主义。我们还要向世界各国朋友学习更多的东西。外国朋友到中国来也可学到中国的优秀文化，可以看看北京历史文化名城的景观，可以了解到北京市民的良好精神风貌，可以感受到中国人民建设祖国的坚强意志。北京奥运会为中外文化交融搭起了最广阔的舞台，结出文化交流丰富的硕果。

2008年北京奥运会开幕式是一个"以奥林匹克精神为基础、体现中华民族传统思想与风俗习惯"，"展示中华5 000年悠久文明历史与璀璨文化"，"展现中华现代文明辉煌和崭新面貌"的盛会。2008年北京奥运会开幕式把这些宝贵财富展示给世界各国人民，给中国人民带来美好而难忘的记忆，也在全球范围内受到广泛关注和高度评价。美国国会图书馆将2008年北京奥运会开幕式定为"最好、最具影响力"，美国《时代周刊》将2008年北京奥运会称为"有史以来最伟大、最成功"的盛会。

在筹备2008年奥运会期间，我国与世界各国展开更广泛、更深入的文化交流，举办了一系列内容多样、形式多变的文体活动，各国的强烈好评和反响如潮水般涌来。中国以北京奥运会为契机，增加与各国之间的文化交流，让世人重新认识中国，树立了良好的中华民族国际形象。

2. 中华体育连绵不断

中国古代体育同中国古代文明一样有着灿烂的历史，正如何振梁先生所说：5 000年来，中国人民所创造的民族体育，其种类之齐全在古代世界是罕见的。既有修身养性的五禽戏等各种气功导引术，又有防身健体的角抵、摔跤和武术；既有因时而作的端阳龙舟、重阳登高、清明秋千活动，又有娱乐表演的各种球戏和技巧；既有跑步、举重、嬉水、马术、射箭等夏季项目，又有冰嬉、滑雪等冬季项目。现代体育中的许多活动，也有不少可以在中国古代找到雏形。譬如，风靡世界的足球和高尔夫球，也早在2 000多年前的汉代和700多年前的元代就为中国人所熟悉，只不过它们的中国名字是"蹴鞠"和"捶丸"。中国人所创造和智力竞赛——围棋，也一直连绵不断，长盛不衰。

中国古代体育的特色在于它渗透着东方农耕文化。中国古代"气一元论"的哲学思想，儒、释、道的伦理道德和审美观念，主导着古代中国体育。中国古代体育家们在锻炼时强调"形、神、意、气"的协调，刚与柔、动和静、内与外的辩证统一，主张"天人合一"，按照自然界的变化调整人体内外环境的平衡；在竞技时强调运动道德和比赛过程，不重比赛结果的胜负，"胜固可喜，败亦欣然"；在养生时强调自然平和的心境、从容不迫的风度。总之，中国古代体育有着自己一套独特的理论和实践，给这个古老的民族不断注入青春的活力。

中国传统体育是世界体育文库中的一颗瑰宝，值得向世界人民推荐。自鸦片战争后，西方体育开始传入我国，奥林匹克运动也逐步为我国人民所了解，在时间的推进中，逐渐受到我国人民喜爱，并和中国体育融为一体，成为我国开展体育活动的有力手段。新中国成立后，由于政府的重视，全国实施了"全民健身计划"，中国的大众体育得到蓬勃发展。广大群众积极参加广播体操、太极拳、游泳、爬山、球类、跑步、跳舞等活动，国家投入大量资金，增设场馆，强化管理制度。因此，我国的竞技水平在这些年有了大幅度提高，许多项目如乒乓球、羽毛球、跳水、体操、射击已居世界领先地位，女排、女足、举重、游泳也位于世界先进行列。在培养体育人才方面，我国也有着丰富的经验。北京成立了体育大学；各省（市）均有体育学院；各所师范大学也设有体育科系；各省市均有少年体校和集训队，教学水平和科研水平有重大提高。

三、奥运场馆的可持续利用

（一）北京奥运场馆可持续利用的经验

北京作为全球第一座"双奥"之城，在奥运遗产工作中留下了独特的印记。2022年北京冬奥会传承利用2008年奥运会遗产，"水立方"变身"冰立方"，实现了场馆的可持续利用。奥运场馆的建设和赛后利用是历届奥运会面临的最大难题之一。历史上，不少奥运会举办城市因为场馆建设耗资巨大而背上巨额债务，如蒙特利尔奥运会在奥运会结束后的数十年间一直在"付后账"。更多城市则是在举办之后难以支付奥运场馆营运和维护的巨额费用，无奈之下选择拆除相关建筑，如悉尼奥运场馆。

2008年后，北京的体育事业、奥运经济、科技成果转化、绿色发展理念等，都还在持续影响北京居民的生活；带给我们无数震撼与感动的2008年北京奥运会留下的"奥运遗产"至今仍然发挥着文化、经济作用。同时，这些"奥运遗产"助力2022年北京冬奥会，物尽所用，重焕生机。

"鸟巢"作为奥运遗产中的"大咖"，奥运之后一直没"闲下来"，被各种文艺演出和各种国家国际赛事所青睐。为了给观众提供一个身临其境的最佳观看场所，奥运会后国家对"鸟巢"的包厢进行了改造。此外，鸟巢还成为北京市民进行冬日冰雪运动的最佳选择，作为"鸟巢"

第六章
奥运遗产助力城市发展

成功运营8年的自主冰雪品牌,"鸟巢欢乐冰雪季"得到北京市民的广泛认可。作为2008年"奥运遗产"中的佼佼者,鸟巢积极投入到冬奥会的筹划中,成为2022年冬奥会举行开闭幕式的场所。

作为与"鸟巢"齐名的奥运场馆,"水立方"的再利用也十分出彩。2008年北京奥运会后,除了承担各种比赛及演出任务外,水立方还增添了众多附加功能,如戏水乐园、健身俱乐部等,让游客可以零距离接触水立方,体验刺激的戏水活动。2022年北京冬奥会期间,"水立方"变身"冰立方",作为冰壶比赛场馆,实现了场馆的可持续利用。

继承是为了更好地发扬,就像冰立方,面向未来,得益于对场地性能、冰面质量、健康监测系统、环境控制技术的数据储备,再结合国内其他多个体育场馆的调研,建立起了"冰立方范式"大数据库,为打造更多的转换式体育场馆提供数据支持。

图6-1 "水立方"变身"冰立方",成为世界上最大的冰壶场馆

跨越百年的首钢园区也是一处活的"双奥"遗产。在筹备2008年北京奥运会期间,为了北京的碧水蓝天,为了兑现"绿色奥运"的承诺,首钢率先搬迁调整,同时积极参与体育场馆的建造,提供了大量优质

钢材。2022年北京冬奥会为首钢园区带来了新的机遇，北京冬奥组委办公区、国家队冰上项目训练基地、滑雪大跳台等相继落户首钢园区。老厂区的西十筒仓区域经由改造成为北京冬奥组委的"新家"；原精煤车间和运煤车间改造成花样滑冰、短道速滑、冰壶和冰球4个场馆，俗称为"四块冰"；工业冷却塔周边建成单板滑雪大跳台场地，成为北京冬奥会的一大标志景观。在场馆规划建设中，首钢集团秉承冬奥会"可持续发展"的理念，对原有工业遗存最大限度地予以保留并进行改造再利用，在满足赛时比赛、转播、观众服务等多项功能的同时，实现了<u>工业遗产和冬奥会赛场的有效转化和完美结合</u>。

冬奥会后，首钢滑雪大跳台成为世界首个永久性保留和使用的滑雪大跳台场馆，可承办国内外大跳台项目体育比赛，也可以作为专业运动员和运动队训练场地、青少年后备人才选拔基地、赛事管理人员训练基地等，直接服务于中国冰雪运动。同时，首钢滑雪大跳台向公众开放，成为2022年北京冬奥会标志性景观，变身服务大众的体育主题公园。

图6-2　首钢大跳台

第六章 奥运遗产助力城市发展

"判断一届奥运会成功与否,赛后场馆的运营是其中一个重要的考核指标。这些斥巨资建造起来的场馆的使用期限绝不应该仅仅只有一个星期或两个星期。"如何对这些体育场馆进行赛后的经营运作和日常管理成为奥运会后的重要工作。北京市原副市长张茅说,"奥运场馆既要满足比赛的需要,也要充分考虑赛后的利用。而赛后的利用既要注重经济效益,也要注重社会效益。这是需要我们集思广益,精心策划来破解好的一个题目。"

北京在设计奥运场馆时就将赛后利用作为设计参考的一个重要的因素,并与建设同步进行。国家体育场"鸟巢",这个北京奥运会的标志性场馆,部分建设资金通过招标来筹集,中标单位在奥运会举办前要保证把一个符合要求的场馆交给北京奥组委,在奥运会举办完之后的30年内,中标机构负责鸟巢的经营和管理,如果盈利,则全部归经营者,要是亏损,政府也不会进行补贴,从而将赛后利用完全推向市场。来自世界各地的知名专家、设备投资商、场馆运营管理商就奥运场馆的赛后利用以及奥运会的经济影响等问题充分总结了国内外体育场馆运营的成功范例、存在的问题,对奥运场馆的赛后利用问题提出了很多有益的建议和运营模式。

国家游泳中心"水立方"在奥运会之后被改造成一个休闲健身的综合水上娱乐中心,同时还能举办体育比赛和文化活动。它的赛后利用除了商业开发以外,降低能量损耗也是一个重要的方面。水立方将水的利用做得比较充分,特别是水的再利用,已经能达到90%以上的水都能够充分利用。水立方能够在365天中的每天中有9.9个小时利用自然光,这样大大降低了能耗。

五棵松体育中心坐落于长安街西侧沿线,建筑面积6.3万平方米,可容纳1.8万人。2008年,五棵松体育中心作为北京奥运会篮球比赛场馆,承载着很多运动员和篮球迷的记忆。2022年,五棵松体育中心转换成为冬奥会冰球比赛的主场馆。这个2008年篮球比赛场馆、中国流行音乐的标志性场馆,经过8个月的改造后,实现了6小时"冰篮转换",

即前一天还在举办CBA联赛，当天就能完成转换，成为冰上比赛场馆。五棵松体育中心的改造工程，本着绿色、共享、科技的改造提升原则，在满足北京冬奥会需求的基础上，充分利用新科技、新理念、新材料，在场馆节能降耗、综合高效利用、竞赛观赛环境方面实现了质的飞跃。冬奥会之后，五棵松体育中心实现冬季运动项目和夏季运动项目转换，除继续承接各类演出赛事、篮球比赛外，还能极大地拓展经营的维度与广度，可承办冰球、短道速滑、花样滑冰等冰上赛事活动。

图6-3 五棵松体育场（冰球）内景

青岛奥林匹克帆船中心坐落于青岛市东部新区浮山湾畔北海船厂原址，毗邻五四广场和东海路，依山面海、风景优美，举办了2008年第29届北京奥运会和第13届北京残奥会帆船比赛。青岛奥林匹克帆船中心占地面积约45公顷，其中场馆区30公顷，赛后开发区15公顷，共有7个建筑单体，分别为奥运分村、运动员中心、行政管理中心、场馆媒体中心、后勤供给与保障中心、接待中心和注册中心。2008年北京奥运会帆船赛后，青岛奥帆中心成为国家5A级旅游景区，成为所有到青岛来的人必来、必到、必看的一个地方。赛后，奥帆中心的媒体中心建设成为奥林匹克文化博物馆，运动员中心成为向游客、公众开放的休闲体育健身场所，后勤保障中心改造变成一个电影院，行政比赛管理中心建设为开展帆船运动的中国航海运动学校和中国海上运动基地，奥运村则成为青岛市第一家超五星级白金酒店。

绿色环保科技在青岛奥帆中心得到了广泛应用，主要包括太阳热能技术、海水源热泵技术和风力发电技术等。运动员中心和后勤保障中心都采用了太阳能系统，可以为游泳池供热，为中央空调运行提供清洁能源，使奥帆中心一年至少节约用电90万度，同时考虑到太阳能板与建筑的完美结合，设计者采用国际上先进的板式集热器，将其分别与弧形屋面、平面屋顶相结合，使场馆建筑更加美观。而媒体中心的空调系统则使用的是海水源热泵，这种泵利用奥帆中心靠海的自然条件，通过海水温差实现供热和制冷，不产生任何污染。此外，风能和太阳能灯也大量应用到了奥帆基地中。

作为2008年北京奥运会协办城市，青岛建设了世界一流的帆船帆板比赛场馆，举办了超过雅典奥运会规模的奥运帆船测试赛。更重要的是，青岛在筹办奥帆赛的过程中着重突出"人文奥运"理念，通过成功举办奥帆赛，打造帆船之都，为青岛留下了一笔宝贵的奥运遗产。帆船知识的普及、帆船运动的推广，成为青岛打造"帆船之都"的根基，青岛除了承办奥帆赛外，还积极参与每年的大型帆船赛事组织承办，使国内外帆船界了解青岛、常聚青岛。青岛成功派"青岛号"参加两届世界三大顶级帆船赛事之一的克利伯环球帆船赛，并组织了青岛站活动，在2009年还承办"沃尔沃环球帆船赛"青岛站的活动。这些世界级休闲类帆船赛，给青岛带来财富，青岛奥帆中心的赛后利用也因此完全定位，而且取得了很大的回报。

逐梦奥运
北京奥运博物馆的诞生和奥运遗产传承

图6-4 青岛国际奥帆中心

（二）奥运场馆赛后利用的得失

1. 奥运场馆赛后利用的失败案例

悉尼奥运会的筹办者在奥运会筹办期间就提出了后奥运战略，充分利用其举办奥运会的经历寻求新的商机。例如，营销奥运举办经验，首创了奥运史上举办知识转让的市场机制，有计划、有系统地将自己举办奥运会的经验作为无形资产出售，并获得成功。其后的举办城市雅典、北京、伦敦等都成为其着力营销的市场。营销奥运专业知识，不仅使澳大利亚人利用本来已经无使用价值的举办经验获得持续的经济效益，而且创造出其他的种种商机，延续其奥运效益。悉尼奥运会的主会场澳大利亚体育场能够容纳11万人，1999年开始投入使用时出现了亏损，以后加大了经营体育赛事的力度。2003年悉尼在此举办世界橄榄球世界杯赛，194个国家对这一赛事进行了电视转播，观众达34亿人次，赛事的举行还拉动了相关的餐饮、住宿、购物消费，金额高达10亿澳元。但这一赛事更为重要的意义是恢复了人们对经营使用奥林匹克公园和主体育场的信心。但悉尼奥运场馆的赛后利用却是失败的，主要是因为这些场馆建得距市中心太远，而且市中心也有类似的设施，这使得有11万个座位的主体育场——澳大利亚体育场，即使座位被减到了8万个，依然少人问津。同时，作为篮球比赛场地的室内竞技场，澳大利亚体育场在2004年甚至进入了受监管的状态，悉尼政府从2002年开始就不得不拆除部分奥运场地。

蒙特利尔奥运会的主体育场——奥林匹克体育场，在规划和利用方面也有过惨痛的教训。1976年奥运会开始时，体育场还没有完工，所以许多奥运项目都在仓促搭建的临时场所中进行，而且一个场地往往要举行多项活动。奥林匹克体育场最初为棒球队蒙特利尔博览会队的主场，但不幸的是，后来蒙特利尔博览会队在技术及经济方面下滑，所以2002年赛季后联合棒球队接收了它，但由于不善经营，几乎所有的球队都不愿把主场放在蒙特利尔的奥林匹克体育场。

2004雅典奥运会场馆的赛后利用坚持三项原则：一是不孤立地考虑某一场馆，而将其与周围地区的发展需要紧密结合，使对场馆的利用成为该地区经济发展的一个助推器，实现场馆利用效益最大化的目标；二是创造和开拓新的需求市场，拓宽场馆利用渠道，众多场馆的赛后利用需要协调，避免相互竞争；三是场馆赛后利用的招标面向国内外，而且让公共机构以及私人企业都参与进来，尽量让民间资本参与到赛后场馆的利用上，对场馆实行项目管理。但当2004年的雅典奥运会落下帷幕之后，那些耗资巨大的奥运场馆的利用状态却不容乐观。希腊政府坚持不出售任何场馆，还要求场馆不要过度强求经济效益，并承诺不让百姓承担一分钱的维护费用，然而这样的措施最终让场馆的赛后利用陷入尴尬的境地。雅典奥运会结束后，绝大多数场馆都处于尘封之中，场馆外的水池漂浮的杂物没有人清理，提示牌倒在地上也没有人关心，没有游客到这里来观光。

2. 奥运场馆完后利用的成功案例

1988年6月14日，巴塞罗那政府筹建巴塞罗那珀摩西奥公司，2003年又设立分支机构巴塞罗那DE SERVEIS MUNICIPALS公司，专门负责管理奥运场馆，以求奥运投资最优化，实现经济利益与社会效益兼收，该公司拥有灵活的预算管理，使得活动组织更加灵活。巴塞罗那采取了决不为15天的奥运会单独投资的理念来投资建设奥运场馆，重视对原有体育场的改建扩建，同时注重考虑体育场馆的赛后利用。在巴塞罗那，为奥运会兴建的15处奥运场馆每年都有相应的体育比赛和音乐演出上演。统计显示，1989—2003年，巴塞罗那的奥运场馆共举办了4 100多项活动，其中38%的活动是体育赛事，包括1991年世界排球锦标赛、1997年欧洲篮球锦标赛等重大国际体育赛事，还有24%的音乐会，11%的家庭活动和27%的展销会、产品发布会、宗教活动、公司活动、政治活动等其他活动，累计迎来了2 350万名以上的观众和1 600万名的游客。所以巴塞罗那奥运场馆的运营和维护一直不需要任何市政府的补贴，并且部分场馆还实现了盈利。

1988年汉城奥运会的场馆主要集中在汉江以南地区，汉城综合运动场和奥林匹克公园是最具代表性的建筑。奥林匹克公园占地144.7万平方米，里面建有自行车比赛场馆、3个多功能比赛馆、1个室内游泳馆和18个硬地网球场。直至2023年，汉城奥运会已经过去30多年，但这些遗留下来的奥运场馆仍然在"辛勤工作"，成为市民运动、休闲的好去处。当地政府专门成立管理办公室，负责对主要体育场馆宣传介绍、受理在体育场馆内举行非体育性活动的申请并进行安排等工作。在管理办公室的精心打理下，体育赛事经常在场馆内举行，各种场馆物尽其用，综合运动场的陈列馆也逐步发展成为外国游客了解奥运会历史和韩国参与奥运会情况的窗口。管理办公室积极开发奥运场馆的一些"副业"，如在这些场馆里举办各种各样的学习班，不仅向市民团体出租场地举行社会文化活动，同时对参观者开放等。奥林匹克公园变成具有文化气息的综合性公园，成为附近居民周末休闲的好去处。

功能多元化也是韩国体育场馆成功运作的优势，首尔（2005年之前称汉城）体育馆在2002年世界杯足球比赛中被用作主赛场和开幕式、闭幕式的场地，由于建造昂贵，回收资金和维护都是大难题。设计者事先考虑到了赛后利用，有效地扩展了赛后利用的空间。他们采用许多新技术：自然采光和滑动屋顶提供了更多的视觉享受，活动座椅可满足各种体育赛事进行位置安排的需求，既可举行足球比赛，也可进行棒球运动，还可进行大型演出。此外还有电影院、大型购物中心、游泳池和健身中心等附属建筑，而整个体育场还是个多功能的大型餐厅。多功能运用使得首尔体育馆每月可为首尔市政府赚100万美元。

2012年奥运会的举办地伦敦，在申办的时候就将赛后利用作为申办的一个法宝，计划中的奥林匹克公园准备建在伦敦东区，奥运会后转为伦敦奥林匹克学院，用于培养职业运动员和青少年运动员的综合学院，这也成为伦敦申奥成功的一个重要原因。

北京在冬奥会之后的场馆利用方面也值得称赞，国际奥委会在北京冬奥会成功举办一周年之际也对中国送上赞扬："一年来，中国人已经参观、使用、享受到了北京冬奥会场馆。"并在其官方网站头条位置刊文庆祝，文章中举例，"冰立方"开放第一天就迎来超过3 000名游客，获得"最热的冰"的称号；首钢滑雪大跳台的"雪圈冲浪"吸引了众多游客，真正将这个地标性建筑从钢铁厂转型成为融体育和文化于一体的场所；张家口云顶滑雪公园这个雪季已经组织了约30项活动，是最繁忙的北京冬奥会赛场之一。文章中说："北京不遗余力地提高场馆的使用频率，鼓励全方位、长期地使用和升级各种设施，以达到扩容和提高品质的目的。将昔日的厂房、仓库和商业建筑改造成为冰雪运动场馆，也被当地政府所推荐。"

四、奥林匹克运动与城市发展的双赢

北京举办的两届奥运会全面推动中国体育事业发展,同时推动经济快速高质量发展。冬奥场馆的赛后利用、冰雪运动进校园、二氧化碳制冷技术等科技创新成果以及三赛区奥林匹克公园、北京国际奥林匹克学院的设立等都被列入城市和区域建设的议题。从筹办之初便全面规划、管理奥运遗产,并践行可持续的办奥理念,已经成为奥运遗产工作重要的工作模式。北京冬奥会在筹办时充分利用2008年北京奥运会场馆遗产,打造6个双奥场馆,同时新建场馆超前谋划赛后利用,持续助力区域发展。

图6-5 国家体育馆(冰之帆)

第六章
奥运遗产助力城市发展

图6-6 国家速滑馆（冰丝带）

图6-7 网球中心

图6-8 英东游泳馆

图6-9 奥体中心体育场

图6-10　北京理工大学体育馆（排球）

图6-11　北京科技大学体育馆（柔道、跆拳道）

图6-12 老山自行车馆

图6-13 北京航空航天大学体育馆(举重)

第六章
奥运遗产助力城市发展

图6-14 丰台体育中心垒球场

图6-15 中国农业大学体育馆（摔跤）

图6-16　北京工业大学体育馆（羽毛球）

图6-17　工人体育馆

第六章 奥运遗产助力城市发展

图6-18 天津奥林匹克中心体育场

图6-19 沈阳奥体中心(足球)

图6-20　北京大学体育馆（乒乓球）

图6-21　上海体育场（足球）

第六章
奥运遗产助力城市发展

图6-22 五棵松篮球馆

在筹备北京奥运会期间，北京市政府为了改善市容市貌，在基础设施建设和环境建设方面投入巨资。借助奥运会的成功举办，北京市和中国在全球范围内的影响力得以迅速飙升，融入国际经济文化建设的步伐大大加快，近年来在奥运会带动下，城市建设、旅游等方面的良好发展势头也得以很好的延续。然而，北京市仍需积极创造有利条件，更好地改善城市的相关设施建设和经济发展运作机制，加速发展现代服务产业，如会展业、文化创意、体育娱乐与健身、教育培训等，努力打造生态化、特色化和国际化的现代北京，在国内外的发展竞争中以全新的、有特色的国际形象出现。以此作为基础，维护和发掘奥运遗产是必要的工作。一些具有代表性的场馆是蕴含了奥运文化的物质遗产，如鸟巢、水立方、奥林匹克森林公园等，在这些地方建立纪念性建筑，可以使遗产从无形变得有形化，使北京奥运会成为永久的记忆，还可以作为奥运文化旅游景点，提升整个城市的文化品位和内涵。北京奥运会为人们留下了美好的回忆，这样一届高水平、高质量的奥运会的成功举办，更是精神遗产的体现。在筹备和举办北京奥运会过程中，广大市民思想文化、行为方式的全新洗礼和城市软硬件整体水平、城市文化品位的提高，也是北京奥运精神遗产的体现之一。在今后的城市发展中，不仅要加强自身形象建设和推广，更要进一步加强对外交流与合作，才能保护和传承北京奥运会遗产。

（一）合作发展，同享后奥运经济资源

在我国各地政府的联手推动下，我国尝试了资源共享、联合发展的经济发展模式，形成了一系列初见成效的联合发展区，如珠江三角洲经济开发区、长江三角洲都市圈以及环渤海湾经济开发区等。北京奥运会结束之后，积极有效地推动了以北京为中心，融合周边天津、河北等地优势的经济合作发展模式，同时进行产业结构的调整。

北京奥运会的成功举办，在一定程度上推动了全国各地的经济发展，其中受到影响最大的无疑是北京、天津与河北。因此，各有自己的资源、文化和人才优势的三个地区，从各级政府到各企业，积极加入建立和完善"京津冀一体化"都市圈的行列，各地企业在坦诚公开的基础上真诚合作，而政府则从政策和制度上给予充分的支持，使得三地都得到了相应的发展。北京市作为后奥运"京津冀"都市圈的中心，在联合发展中积极承担牵引者的任务，努力借鉴国内其他经济发展区和都市圈发展的成功经验，连同其他两个省市，共同学习，在保证"京津冀一体化"都市圈联合经济发展得有特色并且高质量的前提下，将自身的优势和经验投射到全国各地。

北京市的城市知名度在"双奥"结束后得到进一步提升，且随着旅游设施、环境设施等城市基础建设的不断完善，更多的大型国际性活动和国际会议都选择由北京承办，进一步强化了北京的各项能力指标，北京市旅游业的发展也由此上了一个台阶。此外，由于北京奥运会和社会经济的持续推动，体育运动在国内居民的日常生活中所占比重也

逐渐升高，国内旅游的新热点逐渐转向一些运动康复活动和体育休闲旅游项目。

筹备奥运会的时候，举办城市和举办国会建立新的旅游设施，开发新旅游产品。在奥运会的巨大影响之下，当地的旅游业会在奥运会结束之后得到持续蓬勃发展。例如，举办过奥运会的汉城（现首尔）、巴塞罗那、悉尼等城市在奥运会之后，旅游业都获得了长足发展，在奥运会的引导下，这些城市纷纷成为新的热门旅游地，当地旅游业以及整体经济瞬间被推动着快速发展。由于奥运会的顺利举办，举办城市得以把自己良好的城市形象和优质的旅游资源向世人尽情展示，奥运会结束后，一些新的需求促使当地政府开发新的旅游资源。因此，北京要想以旅游业作为经济支柱性产业，就应该不断改善已有的文化性观光旅游产物，并与人文旅游资源紧密结合在一起，加大力度开发全新的旅游项目，如会议旅游、会展旅游、公司业务旅游等，与此同时，积极开展体育休闲旅游等人民大众热衷的新兴项目，以满足人们对体育旅游等的需求。2021年1月20日，习近平总书记主持召开2022年北京冬奥会和冬残奥会筹办工作汇报会，作出"要积极谋划冬奥场馆赛后利用，将举办重大赛事同服务全民健身结合起来，加快建设京张体育文化旅游带"的重要指示，为京张体育文化旅游带建设提供了根本遵循和重要指引。

京张体育文化旅游带是以北京市和张家口市奥运场馆所在区县为核心，以连接两地的高铁、高速沿线两侧区县为重要组成部分的带状区域。自北京市携手张家口市联合成功获得2022年冬奥会和冬残奥会举办权以来，该区域体育文化旅游融合发展取得明显成效，具备在更高起点上推动高质量发展的良好条件。

北京市和张家口市历史源远流长，文化一脉相承，具有厚重的文化积淀。北京市历史悠久，文化灿烂，是拥有世界文化遗产最多的城市之一。张家口市是北京市的"北大门"，自古为兵家必争之地，游牧、农耕、商贸、军事等多种文化交融。张家口市与北京市属同一自然生态系统，在保障首都水资源和生态环境安全方面居于特殊的生态区位，发挥着不可替代的作用，是首都重要的水源涵养地。随着2022年冬奥会和冬残奥会筹办举办，京津冀协同发展纵深推进，北京市和张家口市联系日益紧密，交通、产业、环境、公共服务等领域合作不断深入。京礼、京藏、京新等高速和京张高铁连通两地，张家口市直通北京市的公交线路达到4条，张家口市融入北京市"1小时交通圈"。

京张体育文化旅游带区域内还拥有25个奥运场馆、21个大众滑雪场、6项世界文化遗产、136个全国重点文物保护单位、61项国家级非物质文化遗产代表性项目、3个国家公共文化服务体系示范区、56个高等级旅游景区、2个国家级滑雪旅游度假地、1个国家级旅游度假区、2个国家全域旅游示范区、11个全国乡村旅游重点村镇，体育文化旅游资源较为充沛。

建设京张体育文化旅游带，是深入贯彻落实习近平总书记重要指示的具体行动，是筑牢首都生态屏障、加快产业绿色转型、推动奥运经济社会和环境可持续发展、推进京津冀协同发展的重要抓手，有利于推动奥运场馆赛后可持续利用。将举办重大赛事和全民健身结合起来，可以全面释放冬奥会品牌效应，让发展成果惠及更多人，有利于推动京张地区协同发展，打造体育文化旅游融合发展新名片，培育区域经济社会发展新动能和特色优势支柱产业。但是，想要实现多地合作的奥运遗产利用，就需要从以下几个角度入手。

1. 基本原则

（1）创新驱动，融合发展。坚持创新驱动发展战略，加快推进体育文化旅游领域深层次改革，促进产品业态和设施服务创新，探索资本、人才、技术等各要素融合互促新路径，形成体育文化旅游融合发展新模式。

（2）生态优先，绿色发展。严守生态保护红线、永久基本农田、城镇开发边界三条控制线及其他空间管控底线要求，正确处理生态保护与开发利用的关系，将绿色生态、低碳环保理念贯穿奥运遗产利用的建设全过程,坚持绿色发展。

(3)科学统筹,协同共建。融入京津冀协同发展战略,坚持"一盘棋"思维,发挥优势、错位发展、区域协同、部门联动,优化要素配置、产品供给和政策环境,做到一体谋划、一体实施,显著提升区域整体竞争力。

2. 建设定位

(1)奥运场馆赛后利用国际典范。推动奥运场馆综合利用和低碳运行,拓展奥运场馆赛后利用功能,提高赛后利用综合效益,推进后奥运经济可持续发展,打造奥运场馆赛后利用国际典范。

(2)国际冰雪运动与休闲旅游胜地。依托奥运品牌国际影响力,充分利用奥运遗产,整合区域优势资源,大力发展后奥运经济,开发一批具有国际品质的冰雪运动和休闲度假产品,打造具有世界影响力的国际冰雪运动与休闲旅游胜地。

(3)全民健身公共服务体系建设示范区。以奥运场馆赛后利用为重点,大力发展全民健身运动,推动建设多元运动休闲空间,促进大众健身场馆设施建设,举办高质量赛事活动,满足人民群众健身需求,打造全民健身公共服务体系建设示范区。

(4)体育文化旅游融合发展样板。通过资源整合与产业融合,打造一批特色鲜明、影响广泛的体育赛事品牌、旅游品牌和主题文化名片,培育一批产业深度融合、链条相互嵌入、绿色低碳可持续的业态和载体,促进消费升级,打造体育文化旅游融合发展样板。

4. 三核引领

(1)奥运遗产体育文化旅游发展核。以朝阳区北京奥林匹克公园和石景山区新首钢地区为核心,充分发挥奥运遗产品牌影响力,着力提升国际体育文化旅游交流服务能力,加快建设体育文化旅游融合发展示范区。以北京奥林匹克公园为主要承载区,与北京中轴线联动发展,实施双奥场馆赛后再利用工程,按照"国际交往联络窗口、世界文化交流平台、国家体育休闲中心"三大功能定位,推动体育、文化、旅游、生态、会展、商务、科技等业态融合发展。新首钢地区利用滑雪大跳台等冬奥场馆和会展设施，发展冰雪休闲、竞技表演、大众体育等业态，承办一批世界级滑雪、极限运动等体育赛事，举办中国数字冰雪运动会等活动，打造后工业文化体育创意基地。

（2）延庆体育文化旅游发展核。以延庆奥林匹克园区为核心，提升区域赛事服务整体水平和场馆使用效率，积极推进奥运场馆赛后利用，突出国家高山滑雪中心和国家雪车雪橇中心等场地特色，发挥北京冰上项目训练基地资源优势，整合提升滑雪基础设施，打造国际高水平赛事基地、国家体育训练基地、全教学智能雪场试验基地、国家级滑雪旅游度假地，建设高水平国际滑雪度假旅游胜地。

（3）张家口体育文化旅游发展核。以张家口市中心城区和崇礼区为核心，深入挖掘张家口历史文化，大力推进长城国家文化公园（大境门段）等重点项目建设；增强赛事运动配套服务功能，推动体育文化旅游产业集聚发展。完善崇礼国家级旅游度假区和七大滑雪场建设，科学推动奥运场馆的可持续利用，集中发展高端赛事、山地户外运动、康养旅居、休闲度假、演艺文创、主题游乐、会议会展、夜间消费等全时全季多业态产品，打造国内避暑度假胜地和世界知名滑雪旅游胜地。

4. 六区联动

（1）"双奥"之城展示区。包括朝阳区、东城区和西城区。深入挖掘首都文化内涵，依托北京中轴线中段和北段，充分展示首都文化休闲功能，彰显"双奥"遗产特色，着力提升北京"双奥之城"的整体形象。

（2）城市活力时尚区。包括石景山区、海淀区南部。以首钢赛事场馆和五棵松体育中心为核心，做好工业遗产保护利用和奥运场馆可持续利用，有效推进体育与科技、文化、商务等融合发展，拓展体育健身消费，打造城市活力中心，建设奥林匹克运动推动城市发展的典范。

（3）体育科技创新区。包括海淀区北部、延庆区中部和南部、昌平区中部和南部。以中关村延庆园体育科技创新园为核心，整合海淀科技优势和昌平美丽健康产业优势，加快发展高端服务业，提供体育与旅游、文化、科技、康养相融合的多元化服务，创新体育文化旅游融合发展模式。

（4）生态休闲发展区。包括延庆区东部、西部和北部，张家口市宣化区、下花园区、怀来县、涿鹿县、赤城县。依托北京世园公园、延庆世界地质公园、世界葡萄博览园、野鸭湖国家湿地公园、龙庆峡、玉渡山、延怀河谷葡萄康养旅游区、赤城温泉等资源，推动运动拓展、现代园艺、葡萄酒生产等与其他相关产业融合发展，丰富温泉康养度假业态类型，努力建成北方旅居康养目的地、世界葡萄酒品游胜地。

（5）长城文化体验区。包括北京昌平区北部、延庆区南部，张家口市桥东区、桥西区、宣化区、万全区、崇礼区、怀来县、涿鹿县、赤城县等长城沿线地区。依托长城国家文化公园建设，以区域内长城及其所处自然环境为核心，加强整体性、系统性的保护展示，全面推进长城文物和文化资源保护传承利用，丰富长城文化旅游产品，从而传承弘扬长城精神和长城文化。

（6）草原生态运动区。充分发挥草原天路品牌影响力，以张北中都草原、沽源湿地草原、康保生态草原、尚义运动草原、河北黄土湾国家草原自然公园、塞北草原公园、白河体育运动休闲区为支撑，大力发展草原运动、自驾车房车旅游、低空旅游、避暑度假等业态。

（二）体育推动社会进步

党的十八大以来，我国体育产业规模总体水平大幅提高，发展环境不断向好，市场潜力持续释放，在国民经济中的地位和作用显著提升，体育产业也成为促进国民经济发展的新增长点。目前，我国基本上形成了以竞赛表演、健身休闲为引领，体育场馆服务、体育培训、体育制造、体育传媒等共同发展的体育产业体系，体育产业内部业态结构改善明显，呈现出良好的发展态势。

随着我国体育参与人口持续增长，体育消费拉动的效应不断放大，体育消费总量稳步提升。根据2020年全民健身活动状况调查，2020

年全国居民人均体育消费支出达1 330.4元，比2014年的926元增长43.7%。2020年7月，国家体育总局面向全国征集了北京国家游泳中心等49个体育服务综合体典型案例，为各地加快培育体育服务综合体、打造体育消费新模式提供了示范样板。2020年8月，国家体育总局确定40个国家体育消费试点城市，推动试点城市创新促进体育消费的发展。截至2020年，40个试点城市居民人均体育消费支出的平均值达2 153元，居民体育消费总规模达5 783亿元。同时，体育产业作为劳动密集型产业，有效带动了社会就业，2015年体育产业吸纳就业363.3万人，2020年达到642万人，预计2025年我国体育产业从业人员将超过800万人，体育产业也因此成为缓解我国就业压力、调整就业结构性矛盾的重要力量。

随着体育产业向纵深发展，体育产业与相关产业相互交叉、相互渗透、相互融合，催生出体育旅游、体育康养、体育文创、体育广告、体育传媒、体育会展等多种新兴业态。截至2022年底，国家体育总局联合文化和旅游部共同推出了153条春节、国庆假期体育旅游精品线路，33个国家体育旅游精品赛事，认定47个国家体育旅游示范基地和12个国家级滑雪旅游度假地，极大地丰富了居民节假日体育健身和休闲旅游的选择。随着互联网和信息技术在体育领域的全面应用，线上体育业务也迅速增加，以云计算、物联网和大数据为代表的新一代信息技术与运动装备、体育服务的融合创新发展正悄然兴起，体育传媒与信息服务逆势增长，为我国经济社会高质量发展提供了强有力的崭新动能。

党的十八大以来，体育彩票秉承"以人民为中心""来之于民、用之于民"的宗旨，坚持责任为先、公益公信为核心的价值观，不断提升发展效益和质量。2012年至2021年，中国体育彩票累计发行19 221亿元，累计筹集公益金4 853亿元。在体育总局本级彩票公益金中，用于"全民健身计划"金额达180.31亿元，用于"奥运争光计划"的金额有69.38亿元。在彩票公益金的支持下，实现了"带动3亿人参与冰雪运动"目标，多地"15分钟健身圈"逐步建成，"农民体育健身工程"覆盖全国绝大多数行政村。公益金的应用还超越体育范畴，在补充全国社会保障基金及支持乡村振兴、教育助学、抗震救灾、红十字事业、养老公共服务、残疾人事业、法律援助、低收入妇女"两癌"救助、文化事业、地方社会公益事业等民生领域也作出重要贡献。

习近平总书记指出："广大体育工作者在长期实践中总结出的以'为国争光、无私奉献、科学求实、遵纪守法、团结协作、顽强拼搏'为主要内容的中华体育精神来之不易，弥足珍贵，要继承创新、发扬光大。"党的十八大以来，体育文化建设内容不断丰富、阵地不断扩大、精品不断涌现，中华体育精神得到极大弘扬，为中华民族伟大复兴提供了凝心聚气的强大精神力量。如2016年里约奥运会，中国女排先输后赢，上演惊天大逆转，奏响了顽强拼搏的女排精神之歌；2019年国庆前夕，中国女排团结协作、顽强拼搏，以十一连胜的骄人成绩，成功卫冕世界杯冠军，第十次荣获世界排球"三大赛"冠军。习近平总书记赞美中国女排："广大人民群众对中国女排的喜爱，不仅是因为你们夺得了冠军，更重要的是你们在赛场上展现了祖国至上、团结协作、顽强拼搏、永不言败的精神面貌。"体育文化对民族、国家、社会、个人的重要作用得到越来越广泛的认同，成功举办冬奥会、冬残奥会极大地激发了亿万人民的体育热情，推动了我国体育事业发展，也鼓舞了首都各界的干部群众。

"十四五"时期，我国体育发展仍然处于重要战略机遇期，但机遇和挑战都有新的变化。党的十九届五中全会确定了我国要在2035年建成体育强国这一远大目标鼓舞人心，体育在迈向全面建成社会主义现代化强国新征程中的地位更加凸显。构建以国内大循环为主体、国内国际双循环相互促进的新发展格局以及对高质量发展和高品质生活的追求，将为体育事业提供更有利的发展环境；全面建设文化强国、教育强国、人才强国、体育强国和健康中国的政策，将为体育发展提供更有力的支持；创新驱动战略引领的科技革命，将为体育发展提供更强大的科技支撑；新的生活理念、教育观念、消费模式、技术应用、传播方式的普及以及乡村振兴、新型城镇化战略的实施，将为体育事业拓展更广阔的发展空间。

北京将不断大力传承和弘扬"双奥"精神，努力做好奥运遗产利用工作，在新起点上更加有力地推动新时代首都发展，让"双奥之城"再出发！

参考文献

[1]　王宏钧. 中国博物馆学基础[M]. 上海：上海古籍出版社，2001.
[2]　宋向光. 物与识[M]. 北京：科学出版社，2009.
[3]　中国抗日战争纪念馆. 战火下的奥林匹克记忆[M]. 北京：人民体育出版社，2009.
[4]　玛格丽特·霍尔. 展览论[M]. 北京：北京燕山出版社，2007.
[5]　北京博物馆学会. 策展：博物馆陈列构建的多元维度[M]. 北京：中国书籍出版社，2012.
[6]　北京博物馆学会. 百年传承　创新发展：北京地区博物馆第六次学术会议论文集[M]. 北京：中国书籍出版社，2013.
[7]　北京市哲学社会科学规划办公室. 人文奥运研究报告2005[M]. 北京：同心出版社，2005.
[8]　北京奇志通数据科技有限公司. 奥运城市之旅[M]. 北京：中国地图出版社，2008.
[9]　朱立群，等. 奥运会与北京国际化：规范社会化的视角[M]. 北京：世界知识出版社，2010.
[10]　第29届奥林匹克运动会组织委员会与香港马会. 精益求金：香港·奥运协办城市[M]. 北京：外文出版社，2008.
[11]　丁华民，志敏. 奥林匹克全书：第九卷[M]. 长春：吉林文史出版社，2006.
[12]　丁励翼. 奥运城市营销研究[M]. 北京：人民体育出版社，2013.
[13]　段霞. 奥运后首都国际化进程的新趋势与新挑战[M]. 北京：中国经济出版社，2009.
[14]　黄序. 北京城乡发展报告（2008—2009）[M]. 北京：社会科学文献出版社，2009.

[15] 郭斌. 城市景点品牌与城市文化口碑间的交互作用——基于北京市的研究[M]. 北京：经济管理出版社，2016.

[16] 北京市规划委员会. 2008奥运·城市[M]. 北京：中国建筑工业出版社，2008.

[17] 基思·丹尼. 城市品牌：理论与案例[M]. 沈涵，等译. 大连：东北财经大学出版社，2014.

[18] 金元浦. 创意产业：奥运经济与城市发展[M]. 北京：中国戏剧出版社，2008.

[19] 李立明，等. 城市运行系统设计与实现：北京奥运城市运行系统设计理论与实施研究[M]. 北京：科学出版社，2009.

[20] 高中羽. 中国城市形象设计年鉴[M]. 昆明：云南美术出版社，2009.

[21] 倪鹏飞. 品牌：城市最美的风景[M]. 北京：社会科学文献出版社，2007.

[22] 戚本超. 第二十九届奥运会与北京城市发展[M]. 北京：北京燕山出版社，2010.

[23] 田大江. 城市旅游形象定位及其影响因素研究：以北京市为例[M]. 旅游教育出版社，2014.

[24] 王立. 安全奥运：解析安全奥运，保障城市安全[M]. 北京：科学出版社，2008.

[25] 文春英. 城市品牌与城市文化：对话中国九大名城[M]. 北京：中国传媒大学出版社，2014.

[26] 谢耘耕. 中国城市品牌认知调查报告（2015）[M]. 北京：社会科学文献出版社，2015.

[27] 杨曦沦. 奥运品牌模式——全球品牌战略管理的最佳实践[M]. 武汉：长江出版社，2008.

[28] 张政，彭健. 城市文化品牌[M]. 北京：中国戏剧出版社，2003.

[29] 刘怡. 从2008年奥运会到亚洲一流体育中心城市——上海未来的

城市体育发展与建设[D].上海:同济大学,2004.

[30] 宋静丽.北京奥运会结束时美国报纸评论中的中国国家形象[D].北京:北京大学,2009.

[31] 王金媛.2008年北京奥运会的国家形象建构研究——传播学的视角[D].北京:北京大学,2009.

[32] 周晶.中国城市推广广告研究——以电视广告为例[D].北京:北京大学,2010.